大法至簡的方便法門——香積如來法門

虛實相應
香積園

林家亨　著

香積如來心咒
「吶羅摩囉護呵」
呵護眾生平安

※香積如來師父開示※

「If you want the world to be more beautiful,
you have to have a beautiful mind first.
Instead of asking others to be perfect,
you yourself have to work on making yourself a better person first.
A peaceful mind makes a peaceful world.
Simple as that.」

「你如果要這個世界變美麗，
你自己先要有顆美麗的心。
在要求別人完美之前，
你要先讓自己成為一個更好的人。
一顆平靜的心造就一個平靜的世界。
就是這樣簡單。」

出版偈

寶藏清單獻佛前
受領法財心念間
孔雀開屏會舞鶴
虛實相應香積園

出版序

天地玄黃，宇宙洪荒，人眼可見的大千世界已經夠繽紛多彩無奇不有，人眼看不見的神靈界更是遠遠超乎一般人所知的大千世界，就如同地球較之於浩瀚無涯的宇宙，不得不讚嘆與敬畏未知的神靈界。因緣俱足有幸相遇且投入香積法門，在親身經歷及見證諸多前所未有的奇妙殊勝神蹟後，不僅打破了我過去所認知的宗教觀，也讓我對神靈界甚至整個宇宙中有形與無形事物的存在認知完全改觀。

我將一路走來的親身見聞感悟記錄下來，於二〇二四年六月彙編出版香積法門叢書第一集～《快人快語揭天幕》，惟香積法門故事多，經歷的神奇殊勝事蹟仍不斷地持續發生進行中。二〇二四年無疑是精彩豐富且具有歷史里程碑意義的一年，有形的香積園公司設立登記完成，香積法門辦事處也由香殊師兄與香音師姐賢伉儷籌設完成，無形的香積園獲玉帝親頒玉旨高掛牌匾，且有鳳凰來儀在鳳凰台上代　太上師父頒道旨。現在回顧前後經歷過程，匯總連貫起來才得以看出全貌，一切過程環環相扣自有定序，故事的開端卻源自二〇二二年九月出差大陸被軟禁在成都時說起，而異鄉緣起是故鄉。

二〇二四年初農曆年假期間，家人說很久沒有全家一起出國旅遊了，開始討論今年全家去日本東京自由行的旅遊計畫，預計旅遊一週的時間，網紅景點、行程路線、交通工具及住宿飯店等，都由家人自己規劃安排且提早訂位。而我閒來無事划手機過年，不經意間看到花蓮不動產買賣仲介網，豈料接著就發生一連串的神奇殊勝體悟與驗證，從年頭放春假開始接連著發生到年尾，連日本之旅都不是純觀光旅遊，原來也是與香積園的設立目的有重要關聯，如本書所記載披露的過程內容，虛實相應合一，「香積園」於焉誕生！

香積園從無到有從零開始，買地、立石、開園、領旨、掛牌，前後過程虛實相應環環相扣，處處神蹟驚異連連，法喜充滿難以言喻，所有經歷體悟的過程都如實記錄下來，日後才有驗證虛實相應合一的對照依據，也才有豐富的紀錄手稿彙編成書分享諸有緣。更奇妙的是，就在今年春節年假前一週，清晨醒來打坐時感悟且驗證確認，單獨以香積園為主題，將現有紀錄手稿編輯出版香積法門叢書第二集，僅三天時間初版定型，前後八十八天全書完稿！

香積園成立及本書出版，衷心感謝　香積師父及法門眾師父、神佛的引領賜予，感謝香一、香能、香音、香豐等師姐師兄不厭其煩地協助驗證確認，也感謝其他多位師兄姐分享的體悟案例。而香積園土地及香積石、法印石的橫空出現，要感謝過年不休息的不動產經紀人香鳳師姐，以及古道熱腸的石場老闆陳師兄，居間推薦穿針引線圓滿了香積園的里程碑。感謝以影音弘法的油土伯ＯＫ師兄，讓香積法門訊息首揭以錄影訪談方式出現在網路媒體上。更要感謝惠賜推薦序文共襄盛舉，為本書內容畫龍點睛的好友及師姐師兄們！

恰巧二〇二五年農曆新年難得有九天連假，全家人決定開車環島迎春過年，在除夕中午抵達瑞穗香積園，一路上天空地闊但人車稀少，突然有種久違的帶妻小回家過年的心情，瑞穗香積園衍然已經是我靈魂歸宿的靈性家園。環島一周回到家後，大年初四凌晨打坐中感悟，二〇二三年在埔里大雁頂看的第一筆地沒買成，但從這地理的「孔雀開屏穴」取出一卷「寶藏清單」，送交陽明山姜太公道場給姜太公暫時保管，現在香積園有用，該是去取回寶藏清單的時候了。但取回後一時不知清單內容是何玄機，惟來自各處的法財、法寶已經陸續出現聚寶於香積園。

正苦思數日不得其解，農曆正月初九日，香菱師姐發來竹北大佛王寺的孔雀明王殿照片，問我看到這張照片有相應什麼嗎？突來一問如雷貫耳猛然想起，因香菱師姐的介紹推薦，二〇二三年清明節連假期間全家人第一次去了大佛王寺，當時就感悟到大佛王寺諸神佛賜予許多寶物，今因香菱師姐去大佛王寺感應孔雀明王殿裡孔雀開屏，孔雀明王贈送一對神獸孔雀至香積園，點醒我專程再去大佛王寺參拜，為弘法利生所需挖寶取寶，並留下一偈作為本書註腳：

「寶藏清單獻佛前，受領法財心念間，孔雀開屏會舞鶴，虛實相應香積園。」。

故鄉尋地千百度，驀然回首，淨土就在舞鶴山腳處，山川異域同日月，異鄉緣起是故鄉。香積石安座時，石場老闆陳師兄問我怎麼會跑來這裡買地立石頭？即如香積石上鐫刻香積如來師父心咒——「**吶羅摩囉護呵**」，為呵護眾生平安爾！感謝一切因緣俱足賜予的法財資糧，感謝一切有形無形匯聚的心念助力，始虛實合一圓滿了香積園的成立！

為儘可能降低印刷成本反映售價分享諸有緣，本書完稿付梓之際決定將書中珍貴彩色照片全部改為黑白印刷，惟讀者仍可上香積法門臉書參閱各篇貼文所附錄更多的彩色照片，並歡迎於臉書留言賜教，或分享交流閱讀本書後福至心靈的感悟。

推薦序一　此心安處是吾鄉

彭思舟　法學博士
沃客買創業投資（股）公司創辦人
二〇二五年二月六日

人生是一場奇妙的旅程，我們走過山川湖海，經歷風霜雨雪，跌宕起伏中，總以為自己在預先計畫好的道路前進，卻往往在某個不經意的時刻，發現心靈真正的「家」，原來上天早已為我們安排好，每個人的人生最終都會有個歸處。

感恩相遇，靈性歸家，林家亨博士學長撰寫的新書《虛實相應香積園》正是這樣一本充滿啟發與感恩的生命紀錄。從學長起心動念要購買土地，到香積園的誕生，這段旅程看似平凡，卻處處流露出冥冥中的牽引與安排。在書中，作者以誠摯的筆觸，將一連串看似偶然卻環環相扣的經歷娓娓道來，讓我們見證了因緣的奇妙，也感受到一種超越世俗的溫暖與力量。

同時，這本書也是關於一個有信仰的人，在經過歲月歷練後，因覺悟而對世間有情的紀錄，這份紀錄提醒我們，無論身處何方，最重要的是心懷感恩，珍惜每一個帶領我們走向成長的人與事。那些看似微不足道的際遇，或許正是命運給予我們的指引；那些出現在生命中的貴人，也許正是在我們最需要的時刻，為我們點亮前方道路的燈火。

讀這本書，像是在一場繁忙的旅途中，得以駐足回望，思考我們與世界的連結，也重新認識內心的歸屬感。此心安處是吾鄉，每個人心中都有一個「香積園」，也都不斷尋找自己的「香積園」，而這本書正是引領我們踏上這條道路的一把鑰匙。

誠摯推薦我輔仁大學學長林家亨博士這本書，願每一位讀者都能從中獲得啟發，在自己的生命旅程中，找到屬於自己的歸心之處。鄭重推薦！

推薦序二

蔡清福
道法法律事務所所長
二〇二五年二月九日

認識家亨多年，他總是熱情洋溢，人本該如此，生命才會綻放色彩。從書中可知，他正讓他的生命活力盡情奔放。

這給我們一個啟發：當一個人全力追尋人生理想時，不但會釋放閃亮生命能量，更因精神或靈魂有寄託，致身心較易取得平衡，故當較易有如意之生命旅程。

熱情洋溢本有兩歧，一支屬於安排一己之人生旅程，另一支則因人本是群居生物，故不免與他人密切互動。家亨一向崇敬關公之義薄雲天，故與朋友相交亦常秉兩肋插刀之精神而為互動。而對於心靈層面之追求，亦不斷積極尋找自己靈魂之歸宿——香積法門應該是家亨此生之最後靈魂歸宿了。

我對香積法門認識不深，但世本萬殊，每人適合之信仰或歸宿本就不同。本書可當成香積法門之一種介紹，讀者不妨得空覽閱而發現心有共鳴後，聯絡家亨，依其熱情洋溢性格，必然會熱心分享一切。

最後，願世間有緣皆證大成。

一法散萬法，萬法歸一法；
一法釋萬法，法法詮一法。

道法法律事務所
蔡清福　　敬序

推薦序三

香宇／葉明德

二〇二五年三月二〇日

首先感謝香輝師兄邀稿寫序，本想以才疏學淺、沒有靈感、……等理由推辭，實際上也是真的如此，但　香積師父一直要我寫我加入香積法門的過程，後來想想，如能借此機緣將香積法門分享推薦給更多的有緣眾生，讓三心二意漂浮不定的有緣眾生，能因此文而對香積法門產生更好奇，與更有勇氣連絡香輝師兄，詢問加入香積法門的方法，因而加入成為法門同行，一起淨化婆娑世界渡有緣眾生，那也是功德一件哩。所以遲疑了好幾天才回覆香輝師兄說好，我試試看。

會加入香積法門，緣起於幾年前在某個五百人大群組裡的對話，看到香興師兄用香積法門的法要幫助其中一位有難的朋友時，遭受其他多位群組裡的人冷嘲熱諷，很多人說香興師兄就類似隔空取藥的詐騙人員，畢竟假借宗教之名騙財騙色的新聞報導時有耳聞，但當時香興師兄與他人的對答，仍是不慍不火，既無強辯、解釋，亦無惱羞成怒的情況。因為見到這一幕，所以令我對香興師兄產生好奇，因為我當時剛好有沈疴在身，於是私訊詢問他，如果要請他幫忙解決病痛需要提供什麼資料嗎？我心想如果需要提供生辰八字之類等，那也許我就打退堂鼓了。結果竟然不用，連姓名、住址、電話都不用給……。

香興師兄似乎感受到了我的遲疑，我還沒提問他就回覆我說，「因為法很聰明，佛無所不知，故不用那些繁文縟節。」，想想也是有道理，於是請香興師兄幫我施法治病。我問那我要準備什麼嗎？他說就約一個自己可以安靜不受旁人打擾的時間即可，約定時間到了之後，我靜靜坐在房裡感受自己身體的變化，當時感受到了一股暖流漸漸包覆全身，後來痛處震動了一下，就像有人將插在上面的箭拔出來一樣，後來還真的就很少復發了。

對了，在香興師兄施法前，他叫我先誠摯的跟冤親債主道歉。結束後，我向師兄回報剛才的感受，師兄說這麼快就有感應體悟，這表示我和香積法門有緣。還跟我說如有興趣，每週一、三、五、六晚上十點，可以一起和他們靜坐練功，如果有想要參加就主動提早和他說，他幫忙報名即可，而他只問這一次，後面不會再問我要不要一起練功。我詢問他要怎麼練，他說就一樣把十點到十點半的時間空下來，可以不受打擾即可，在自己家靜坐就好，也不一定要盤腿打坐，什麼姿勢都可以，「因為法很聰明」！這麼簡單方便的法門，當然要報名練練看啊。當然我還是保持著一定的戒心，心想會不會是等先和我混熟了之後再……嘿嘿嘿……！

後來每週一、三、五、六晚上，只要我時間允許的話，都會請香與師兄幫我報名打坐練功。過沒幾天，師兄說　香積師父有意收我為弟子，問我要不要？然後說法門有另一個入門弟子群組可以加入，自己就能在群組裡報名打坐練功了，有問題也可以在群組裡提問。因為那時候練功的過程若有一些感應，都是回報給香與師兄，透過師兄轉發給香一師姐驗證後，再回覆給我，我心裡ＯＳ——「套路來了厚?!」，拜師、入群組、……嘿嘿嘿。我猶豫了幾天，順便看看香與師兄會不會主動和我連絡，鼓吹我拜師、入群組……，結果等了幾天都沒消息，跟上面一樣只說一次……，冏！

後來我又主動問香與師兄，那拜師和加入群組後會有什麼規定嗎？會被逐出師門嗎？他說都沒有，也不會，而拜師之後　香積師父會傳法，通過考驗接到法之後，自己就可以施展法去渡有緣眾生。雖然有這個好處，但我也是考慮再三，畢竟也是凡人一枚，自覺還是會有一些不好的念頭，怕接了法之後亂用，萬一成魔禍害蒼生那就不好了。考慮了幾天之後，想說既然是法很聰明，佛無所不知，而　香積師父會主動有意收我為弟子，一定是早已看透一切，有事祂會扛，ＸＤ。於是我又主動聯繫香與師兄說好，我試試看。但心裡ＯＳ想，就來去群組看看他們葫蘆裡賣什麼藥，是不是套路呢？

加入群組之後自己報名練功，也許是大面神上身，也許是劣根性使然，每天在群組回報練功過程中的所有感應，有體感、有畫面，就如香輝師兄說常常覺得是不是自己出現幻覺一樣，我也有這種感覺，但香一師姐總能將這些感應轉化成有意義有深度的文字來回覆我。再來師兄師姐們當時也常轉貼一些文章，針對文章內容討論，香一師姐表示群組裡無遮，大家都能表達自己的看法，有時候看法不同時那討論過程也是非常精彩，但香宇小師弟我總是每次都被香一師姐折服。

當時香宇和朋友聊天時都是跟朋友說，我加入了一個既有趣又神奇的群組，這裡若不是真有神蹟就是一群高級精神病患所組成……哈。不過香宇從一開始的好奇、懷疑、挑戰到被降服，忘記這過程持續了多久，現在就是乖乖的打坐練功、渡有緣眾生、增加證量。如果有緣看到本書的您，不論是出於好奇或是有任何疑問，都歡迎您與香輝師兄聯繫洽詢，更歡迎您加入香積法門，身歷其境才能感受如本書中所說的那份神奇。

期待在香積法門中與您同行，一起報名打坐練功，一起參加功德行，一起見證體驗這殊勝的神蹟。

推薦序四

恭喜香輝師兄，香積法門系列叢書，又一大著成書問世，請我寫序，實因己身才疏學淺，為法門修行初階者，愧不敢當，但相識已久，又是因師兄引薦得以進入法門，在旁見證許多香輝師兄的神奇事蹟，便恭敬不如從命忝然為之。

因為拜拜的因緣認識香輝師兄，初識師兄時，就覺得他外型及氣質，超級像是西藏的高僧喇嘛轉世，除了外型像，連內心都是如此慈悲及善良，就像是累劫累世都有修行的高人，善良淳厚，待人總是多了那麼幾分的細心與付出。

他總是樂在生活，精於修行，本職資深的上市櫃公司法務長，看盡凡塵俗世的紛擾，卻

香菱

高中教師

二〇二五年四月七日

不沾那人間煙火，在公門裡是那麼特別又慢條斯理的修行人，我總疑惑，香輝師兄您在企業裡或法庭上莫非也是如此沉穩的、慢悠悠的教化人心嗎？這可和我電視上看到唇槍舌劍，算計猜疑的戰況不同啊！香輝師兄就是如此特別的存在。

從以前就常聽他說起各種無法解釋的親身經歷，總令我嘖嘖稱奇，果然是吸引力法則呀！有因緣的人，吸引奇妙的事，隨著他所見所聞付梓成書，而能有幸拜讀，從拉拉山生活的隨筆，到香積法門的奇遇記，進而有使命的揭天幕、應虛實，太多無法科學驗證的奇遇，就發生在一個講求證據立論的法律人身上，似乎更能增添可信度，科學的盡頭是玄學，玄學的難以印證，並不代表不存在，高深莫測更讓我們多了幾分探究的心態，香輝師兄香積法門系列叢書的問世，讓我們得以一窺堂奧，幸矣！

香輝師兄的名言，人愛歲月靜好他偏愛動，雖然說起話來慢條斯理，動作也是優雅平緩，看似不急不徐的他，對於修行，對於香積法門事務，卻是個腳踩風火輪的超級行動派，書中提到的購地立石等事蹟，可是步履如飛，風車雨馬的一氣呵成香積園現有的一切，每每聽他分享，心中佩服他的大信根、行動力、以心印心，方能成就不平凡事，也告訴自己當以香輝師兄為典範，以心印心，期能在修行路上，篤定前行，為人生找一個答案，也祈願有緣讀此書之人，亦能走進妙不可言的香積法門，打開一道殊勝的修行大門。

推薦序五

香饋／許增昌
書法名家
二〇二五年四月十五日

香輝師兄林家亨博士著作，關於香積法門的叢書，第二集即將付梓，囑予為這本書說一些話。老實說，自己資性魯鈍，為文推介實非所長。香輝師兄很客氣，願意給鄙人一個機會說說話，真是感恩師兄的大度量！

香輝師兄常年精勤於修行，為法門事、為眾生事，而孜孜不倦四處奔走。對於法門種種，生怕日久忘失，遂挺身起而記錄其中點滴，除了影像之外，還不忘將過程鉅細靡遺的以文字敘述完整，可謂有心人啊！師兄的手筆精準，尤長於記實敘事，文雖多而不蕪，事雖繁而條理分明。時而蹦出一些片段，具足趣味令人莞爾，卻又緊扣住主題，未曾絲毫或離。這是師兄的拿手絕活，令吾自嘆不如！讀過師兄第一本著作《快人快語揭天幕》的讀者，相信都會有同感。

此番新書《虛實相應香積園》，內容的鋪陳緊扣著「香積園」而行筆，從起心動念——一無影蹤所有——尋尋覓覓——到有一塊具體的土地可資規劃運作。個中的曲折、勞心勞力，可謂冷暖自知，但在師兄鉅細靡遺的敘述當中，又可見其細節大有玄機在。欲一窺全貌的讀者，推薦您入寶山，千萬別空手而回啊！試以一首偈語，簡述個人的感想：

虛實相應香積園
何者為虛何者實
看官自己鑑分明
虛實難分法界事
虛實分明意如何
虛中有實實中虛
虛實相生生不息
亦虛亦實是現象
互相含容是真相
非實非虛是實相

書中，並記錄了幾位師姐和師兄因當下情境的異同所感應的偈語，還有　香積師父的修法心要開示，既生動寫實又寓意深遠，精采萬分，值得讀者慢慢咀嚼思索！茲依前後順序摘錄一二，以饗讀者，詳細資訊，不妨參閱原文：

#1

寶藏清單獻佛前
受領法財心念間
孔雀開屏會舞鶴
虛實相應香積園

——香輝師兄

#2

台灣寶島五龍脈
五大山脈五龍聚
中央山脈為首要
崑崙山起至台灣
龍氣延綿台灣聚
五洲台灣為中心
五龍扶持台灣起

——香豐師兄

#3

無幻無花無世界
無覺無證無如來
修行皆從此中來
無須掛礙方自在

——香一師姐

#4

走過路過　感應伏藏
主動被動　看圖感應
因緣際會　幾時得寶
任意門開　穿越時空
主動求法　歸藏秘藏
法寶神器　全無所藏
助眾弟子　宜利蒼生

——香積師父開示

#5

〈阿里山〉
廣開兮天門
紛吾乘兮
玄雲天庫開兮
甘露資糧普被
願若今兮無窮

——香一師姐

目次

第一章　念想緣起

第二章　瑞穗買地

第三章　香積園

第四章　法門拾遺

第五章　領旨掛牌

第一章　念想緣起

我的故鄉在南投埔里，我出生三個月大就因雙親北上工作隨著搬到台北，在台北成長、就學、工作、成家，與故鄉的聯結只剩下清明掃墓才會專程返鄉，但骨子裡一直對故鄉有著濃濃的情感，故鄉永遠是美麗的印記，希望將來也能告老還鄉。但告老還鄉也得要有個地方落腳，總不能還鄉去當以天地為家的流浪漢，所以在故鄉置產一直是我心中的秘密花園。

1.1 異鄉緣起是故鄉

二〇二二年九月從大陸出差回台灣後，心理一直罣礙著從大陸取回的兩部經書，一是在成都樂山大佛千年龍龜取出的伏藏《一切如來心秘密全身舍利寶篋印陀羅尼經》，二是在廣州光孝寺浮屠塔取出的《金剛經》，不知這兩部經書是我自己要在家修習研讀的課本，還是要對外廣為宣說有助防疫或有其他效用的功課？於是諮詢求教香一師姐，香一師姐回覆：「先修習內化再宣說」。說來也是，若自己都沒有好好研讀理解這兩部經書，要如何對外廣為宣說呢？遂把重新研習這兩部經書列為功課，但至今還在原地踢正步，一直也沒有進一步認真去研讀。

二〇二二年十二月二日，昨日下班回家吃過晚餐後早早犯睏，在客廳沙發上就睡著了，凌晨三點醒來，心裡想，又是這「殊勝時辰」醒過來，不知又有何殊勝大事？就乖乖的去佛堂打坐。手機播放YouTube裡香竹師姐彈奏的香積佛曲鋼琴曲，在優美的鋼琴佛曲旋律伴奏下打坐，十來分鐘的鋼琴曲很快就結束了，打坐過程啥事也沒有。拿起手機想再重按播放鍵，不經意間觸碰划到螢幕，自動跑出《一切如來心祕密全身舍利寶篋印陀羅尼經》佛曲，才又想到在成都樂山大佛取出的伏藏密法《一切如來心祕密全身舍利寶篋印陀羅尼經》都還沒好好研習。說來也奇，怎麼就剛好划出這陀羅尼經？怎麼不是划到現在二〇二二年底全球最熱搜的FIFA世足賽主題曲!?

就在聽著寶篋印陀羅尼佛曲的同時，上網搜尋看到有篇貼文介紹埔里彌陀村彌陀寺，有供奉寶篋印陀羅尼寶塔，讀完介紹後繼續打坐，打坐中感應到虛空中出現一座巨大無比的微透明的五彩陀羅尼寶塔，如同經文中所述「**其七寶塔全身舍利之妙寶藏，以此咒的威力而拔擢聳立，高至阿迦尼吒天宮**[1]**之中。**」，寶塔從天而降把我籠罩包圍住，然後出現一座分身小寶塔，先落在我雙掌上，再飄移至頭頂從我頭頂進入體內，安置於胸口八卦處。

怎會有如此幻象還是感應？有何用意？接著浮現一個念頭，我應該去埔里彌陀寺一趟，將樂山大佛取回的寶篋印陀羅尼經伏藏與台灣彌陀寺的寶篋印陀羅尼寶塔「會靈」，加持彌陀寺的寶篋印陀羅尼，為台灣注入渡化眾生的安定能量。嗣經向香一師姐稟明過程請求驗證，香一師姐回覆：「敬回師兄：傾聽心內音，隨順其指引，心到法就到，不必有所疑，執

1 阿迦尼吒天，色界十八天中之最上天名。佛家言三界六道，欲界、色界、無色界合稱三界，其中色界十八天，據大毘婆沙論卷一三六載，色界之初禪、二禪、三禪、四禪共十八天。初禪三天，梵輔天、梵眾天、大梵天；二禪三天，少光天、無量光天、光音天；三禪三天，少淨天、無量淨天、遍淨天；四禪九天，小嚴飾天、無量嚴飾天、嚴飾果實天、無想天、無造天、無熱天、善見天、大善見天、阿迦尼吒天。參閱慈怡法師主編佛光大辭典。

行任務去。」」，那我就篤定要專程前往，心到法到人也到！

突然想到，我在成都隔離旅館時，獨在異鄉為異客，一個人過了個中秋節，而同一時間法門同行也在台灣中部功德行，其中一站好像就是彌陀寺⁉於是特地向香音師姐、香菱師姐詢問求證。果然，原來如此，真相大白！中秋節連假同一期間，法門師兄姐在台灣中部功德行到彌陀寺，我在四川樂山大佛取出伏藏大法寶篋印陀羅尼經，兩岸分工，分進合擊，原來是我回台灣後還沒去彌陀寺報到交差咧！

後來經香菱師姐告知，同行去的是嘉義的彌陀寺，不是南投埔里的彌陀寺，「咦？此彌陀寺非彼彌陀寺？有幾個彌陀寺？」心裡有此疑問，立馬上網搜查。原來台灣北中南至少有九間以上的「彌陀寺」，但大多只是寺名相同，惟埔里彌陀寺裡有建造供奉寶篋印陀羅尼寶塔，較吻合四川樂山大佛取出伏藏的寶篋印陀羅尼經及感應所需，所以今早第一直覺看到的埔里彌陀寺是會靈的目的地無誤。無怪乎香一師姐一早就語帶玄機預示說「傾聽心內音，隨順其指引」！

但最重要且巧合的有二，一是台灣地理中心點位置正是在埔里，在埔里近郊的虎子山下立有一座「台灣地理中心碑」，將四川樂山大佛取出的伏藏大法《一切如來心祕密全身舍利

寶篋印陀羅尼經》於埔里彌陀寺會靈安置，恰可庇佑五方福澤廣被全台灣。二是不偏不倚嘟
嘟好那麼巧，埔里正是我出生的故鄉！

1.2 伏藏寶篋會埔里

二〇二二年十二月三日

翌日恰好是週末，清晨七點鐘不到就開車出門前往埔里，走一號國道到新竹轉入三號到台中接六號，六號國道的盡頭就是我的故鄉埔里，每次開車在六號國道上，近鄉情怯心情總是特別不同，就像天氣一樣，從桃園出發時還陰冷飄細雨，到了中部就萬里晴空艷陽高照，令人寵辱皆忘心曠神怡。

到了埔里下愛蘭交流道，我再從手機導航設定目的地「彌陀寺」，怕走過頭，出發前先看過地圖，彌陀寺就在下交流道後不遠，往埔里方向但還沒過愛蘭橋。豈料，手機導航卻過了愛蘭橋，一時莫明所以，反正顯示也只有幾百公尺，就跟著導航路線走。從埔里外環道進入，大馬路開到小馬路，小馬路開進羊腸小路，有路開到快沒路，蔓草叢生比車高，懷疑這導航又搞飛機，但後悔已經來不及，路僅車寬，無法會車，更難以倒車，無法回頭，只能硬著頭皮繼續往前開。

荒煙蔓草疑無路，豁然開朗又一區，只是心頭為之一震，放眼所見是一片墳墓區，與外隔絕封閉於荒煙蔓草中，難怪一路進來無人無車，難怪會開到這裡來，原來如此。淡定回神後心領神會，相逢渡有緣，「渡！珠光還原大法出！一切智慧法出！渡眾生到該去或想去的地方，……。」。要是在入香積法門以前碰到這種情況，身陷窘境進退不得，驚嚇指數破表刺激過度，我肯定要去拜拜收驚了，而現在，地府都去了四回[2]，還怕啥？只怕有未得渡的遺珠。

回想起來也好笑，沿路渡過墳墓區之後，小路盡頭還真有一間彌陀寺，但高牆圍籬鐵捲門深鎖，門邊還掛個牌子「謝絕參觀」，寺裡寺外無人無聲無動靜。當下突然有一種時空交錯的感覺，好像來到倩女幽魂電影中的場景，書生寧采臣意外來到蘭若寺，心裡想，萬一這時候突然有人開門出來，笑臉迎人邀請我入內歇息，我是進去還是不進去？萬一卻之不恭半推半就進入寺內，奉茶，我是喝還是不喝？……!@!@#$%^&*……。越想越發毛，我想我還是趁現在小倩還沒開門出來招呼我入內喝茶，趕緊去找要去的彌陀寺，來去如風亦如煙～。

離開後再上網搜尋確認，還真的有此彌陀寺，主祀釋迦牟尼佛祖，位置鄰近埔里鎮溪南

2 二〇二三年四月十八日清晨打坐中因黑麒麟老黑示現又再次進行地府法會，二〇二三年六月二日完成了酆都地府第五回108層的法會。詳請參閱《快人快語揭天幕》2.5冰火地獄【後記】地府法會第五回。

里公墓，無罣礙故，無有恐怖！重新設定導航後，從別條小路開出去，原來還有別的路，剛剛來時就硬是要讓我走墳墓區，原來我要去的目的地正確名稱是「圓覺彌陀村」，相距不到四公里，開車不到十分鐘就到了，就在愛蘭交流道下來不遠處，出入口就緊鄰著中油加油站，還有一面大大的看板，怎麼剛剛來時就是沒看見!?

到達彌陀村，適逢吉日，大殿佛堂裡有很多人正在誦經，外頭反而都沒有人，我沿路直上直達寶篋印陀羅尼寶塔處，塔尖恰好反射陽光大放光明，我繞塔三圈，結法門指印稟明，自大陸四川樂山大佛取出伏藏大法《一切如來心祕密全身舍利寶篋印陀羅尼經》，專程來此與大寶塔會靈，祝願寶篋印陀羅尼經與大寶塔合一之神力，護佑台灣政治清明，百姓安居樂業，芸芸眾生皆能受益得渡！才說完，我胸口八卦處的小寶塔自動飄移出來，進入眼前的大寶塔與大寶塔會靈合一了！

南投埔里彌陀村陀羅尼寶塔塔尖大放光明！

接著驅車進入埔里市區，前往台灣地理中心點，位於埔里東北邊郊區虎子山山頂，海拔五百五十五公尺。日據時期日軍在虎子山頂設立一顆一等三角點，位於東經120．58．25，北緯23．58．32，是台灣幾何中心點，作為中央山脈三角點群的原點，從事全島的地籍測量。民國六十六年八月內政部委託聯勤測量隊精測，在虎子山設立一顆「台灣省虎子山三角原點」，作為台灣大地測量的參考原點。民國八十八年年九二一地震時，三角原點損毀位移，之後於原址建立衛星追蹤站，提供衛星控制點系統基準資料[3]。

虎子山上視野遼闊，可以俯瞰整個埔里盆地，到達台灣地理中心點，時值正午時分，風和日麗，動念將枕石珠、混元珠、開天珠、闢地珠安置坐鎮於中心點四方，祝願安定台灣地理及三界六道，福澤廣被寶島有形無形一切眾生。

任務完成離開前，見地理中心碑公園入口有一位腦性痲痺的年輕人在賣刮刮樂，遊客不多門可羅雀，遂趨前向他買了一千元的刮刮樂，支持一下努力討生活的小同鄉，結果刮中一千兩百元，投報率百分之二十，他樂我也樂。刮刮樂開獎完也到午餐時間了，就到公園對面的小吃店吃午餐，取之於故鄉充分用之於故鄉。感恩一切冥冥中的善巧安排，愉快圓滿的週末故鄉功德行之旅！

3 參閱網搜虎子山天文原點——台灣的地理中心介紹，二〇一一國立台灣大學地理環境資源學系著。

伏藏寶篋會埔里
法門神珠鎮中心
福澤廣被發原點
異鄉緣起是故鄉

【後記】

香豐師兄傳達　香積如來開示：

台灣本島五龍脈
五大山脈五龍聚
中央山脈為首要
崑崙山起至台灣
龍氣延綿台灣聚
五洲台灣為中心
五龍扶持台灣起

1.3 道場藍圖始開展

也許是因為使用中國信託信用卡超過二十年的良好信用紀錄，經常會接到中國信託的行銷人員來電推銷申辦信用貸款，每次都是藉詞婉拒甚至不敢接電話，因為實在是沒有借貸資金使用的需求，但行銷專員隔段時間又會再來電聯繫，窮追不捨堅持行銷的敬業精神令人歎服。二〇二三年三月初又接到中信銀行行銷專員來電推銷信貸，我還是一樣藉詞婉拒了。

事隔幾日，在臉書上看到有數筆埔里土地要出售的資訊，不乏土地坪數很大但開價不高的物件，有些心動，遂立即與仲介約好週末專程南下埔里去看兩筆土地。先到了大雁頂看四千五百二十坪的林地，在現場同步拍照發給香豐師兄看，不久香豐師兄回覆我說「這塊土地是孔雀開屏穴」，還幫我問了香能師姐後告知：「香能師姐說二塊土地都你的，你感應看看……」。二塊土地都我的？我有些意外，至少現階段就不可能有同時買下兩塊地的資金，或許將來因緣俱足就有能力買下吧。接著到大坪頂小埔社去看另一筆八百五十八坪的林地，有一個視野不錯的平台，蓋了一間農舍，有獨立的聯外道路，整體而言還挺喜歡的。

回家後評估這兩筆土地各有優缺點，但若以使用效益論，是第二筆大坪頂的八百五十八坪林地為優選，仲介也很積極地來接洽委託斡旋，奇妙的是，隔日三月二十六日（日）清晨靜坐時，腦子裡都是昨天去看的埔里那兩塊地，接著感應到第一筆四千五百二十坪的地上來了一隻孔雀獻寶，從那塊地結穴處取出一根黑色長條圓筒狀的伏藏寶物，但我悟不出來是何物？之後又出現個念頭，這伏藏寶物是和今日上午要去陽明山姜太公道場有關!?

接著感應到第二筆八百五十八坪的土地時，右手突然靈動揮舞起來，好像振筆疾書在寫什麼文件，最後還有蓋個大印，而蓋的印章正是我幾日前才從臉書上剛買的海象牙印章，都還沒刻字咧！接著在這地上豎起了一根很高的桿子，似是象徵香積法門在此地插旗立桿，地上還出現很多隻小兔子跑來跑去，前一筆地是孔雀開屏穴，難不成這裡是兔子穴？嗣經向香一師姐詢問，師姐回覆說：「長條卷軸是寶藏清單，要暫交太公保管。屆時師兄自會清楚明白」。「不是兔子穴，是福兔臨門，好事一直會發生之預兆。」，還附上「福兔臨門」、「萬事如意」、「心想事成」、「Good Luck」一連串有兔子的貼圖。

仲介也很積極聯繫來問我看完物件後的想法如何？我便詢問香一師姐，是否真要去出價談買地的事？大概要出價多少適當？香一師姐請示師父後回覆：「四百五十萬可談，若不行就擱置。」。此外，我也再向香一師姐詢問請示，感應在此地插旗立桿是有何用意？是否代表這塊地是法門屬意之地，那我自當盡可能來完成購地的要務，嗣香一師姐回覆：「**確實是法門屬意之地，尚待機緣圓熟。**」。

我便依此向仲介出價四百五十萬，仲介於隔日三月二十七日（一）就和我約下班後時間專程北上桃園，和我簽訂正式委託斡旋的買賣意願書，斡旋期限至四月七日清明連續假期後。事隔三日，三月二十九日（三）晚上，打坐練功時間過後我繼續打坐，用「移入他地法」去到埔里那塊地，又靈動起來振筆疾書，好像又在簽署什麼文件，感應是那塊地若要成交，不是只有需要地主同意，也需要其他多位無形的地主同意，所以正在與多位無形的地主簽約立據。

但最後感應仍有一位無形的大地主尚未同意，是誰？需要什麼條件？是價錢問題？搖頭不是！後來感應到是要到該土地的巷子入口處有一間小宮廟～「福壽宮」，供奉的正是管轄當地土地的福德正神，福德正神希望若土地出售給我之後，祂能加入香積法門修法，我當即表示歡迎後，就沒有再感應到其他人有什麼意見了！

隔日三月三十日（四）一早打坐，感應到有龍附身，右手（應該說是右「爪」，整隻右手掌張成爪狀！）抓著什麼東西舉在半空中，左手捧著一顆珠放在盤腿上，後來感應是桃園虎頭山三聖宮的龍王，但不明龍王為何事前來？難道也與埔里買地有關？打坐後就接著出門上班，開車途中突然頓悟，龍王是為了送印而來！那組海象牙印章，小章是農曆年前在虎頭山花市買的，大章是上週才在FB網上買的，還納悶這買的時機真巧，原來是桃園虎頭山龍王所贈。一早到公司後，立即將昨夜及今早感應事詢問香一師姐，師姐回覆告知：「師兄所證無誤」。這體悟及驗證非同小可，埔里小埔社當地土地公都出面說情了，桃園虎頭山三聖宮龍王也贈與法門大印，我不得不認為，這埔里買地一事根本是冥冥中已經安排好的事。

回想這幾天，突然看到埔里土地的出售資訊，三月二十五日就專程南下跑去看地，原本也只是想「看看而已」，熟料看A地相中B地，雖然我是以平常心看待買地事，但再怎麼有虛實相應的殊勝感應，畢竟是需要花幾百萬買地，沒有資金也是枉然，但資金在哪裡？原本我不太愛搭理中信銀行的信貸專員來電，但自三月二十七日與仲介正式簽訂買賣意願書委託斡旋之後，我三月二十八日主動回應中信行銷專員詢問比較房貸及信貸，三月二十九日早上才提供收入證明等資料，當天傍晚就通知我信貸核准了，買地資金竟然在一天內就準備就緒，超高效率，虛實相應。買地資金有譜，買地一事就更有底氣去進行，就等地主點頭同意，我都不得不相信這一切冥冥中的善巧安排！

【後記】

一直以來根深蒂固回故鄉埔里買地的念頭，在二〇二三年開始有了行動，雖然看了幾筆地最終都沒有買成，卻已經啟動了二〇二四年在花蓮瑞穗買地的契機，並設立完成了有形及無形的「香積園」[4]，現在回顧整個前後過程才發現，回埔里在大雁頂看的第一筆地，就已經埋下了伏筆。

二〇二五年歲次乙巳蛇年，今年農曆新年有九天連假，家人決定提前圍爐聚餐後，開車環島迎春過年，除夕前一天就出發開車到花蓮，除夕當天中午抵達瑞穗香積園，除了專程帶家人去欣賞舞鶴山下的香積園自然景觀外，而且是專程趕回家去盡地主之誼招呼盈門貴客。接著到台東、高雄、台南，一月三十一日年初三中午回到桃園，結束新年環島走春行程，還有兩天半的年假時間。

初三晚在家看了一部有關於封神榜的電影，看完已經是二月一日年初四凌晨，睡前打坐時腦子裡又浮現香積園，想著有形及無形的香積園後續的工作，突然又想起前年到埔里看地

[4] 二〇二四年在花蓮瑞穗設立完成有形及無形的香積園，詳細過程請參閱本書第3章「香積園」。

時，最早去看的在大雁頂「孔雀開屏穴」中取出的「寶藏清單」卷軸，經香一師姐驗證後專程去陽明山姜太公道場送交姜太公保管，剛剛打坐中突然感悟到，要去找姜太公取回寶藏清單，現在香積園有用，若感悟正確無誤，趁最後這兩天年假時間再專程去一趟姜太公道場。

「太讚了！」香一師姐回覆驗證感悟無誤，年初四當天上午就專程再去姜太公道場，除了向姜太公及諸神佛拜年賀歲外，也稟明來意取回寶藏清單。惟這只是取回寶藏清單而已，至於清單內容究竟是什麼寶藏？又要如何取得清單所列的寶藏？這又是另外的課題考驗了，有待日後因緣俱足逐一感悟驗證。

1.4 緣慳一面大坪頂

二〇二三年四月一日至四月五日有五天的清明節連續假期，期間四月三日至四月五日我們一家人在新竹旅遊宿營，四月三日上午一早特地去了竹北彌陀山「大佛王寺」，對寺裡供奉的唐風巨型石雕神佛造像歎為觀止，特別是對其中的韋馱護法讚賞不已。參觀時巧遇住持性巖法師，性巖法師特地為我們一家人解說大佛王寺裡的石雕佛像由來，歷經二十多年的積累建設始有今日規模，還說目前展示出來的只是百分之一，全部規模還有百分之九十九尚待大眾發心護持。參觀大佛王寺以及聆聽性巖法師解說之後，倒是有一種「見賢思齊」的感覺，祝願大佛王寺道業宏開，香積法門將來也能創立人間道場。

四月三日傍晚，仲介回報告知地主只有反映詢問一件事，若地主將土地農舍出售給我之後，暫時還沒找到合適的住處搬遷，是否可以暫時承租這農舍直到他搬遷，若我同意，必須和地主簽訂正式租約，這樣地主才放心。我當即回應表示沒有問題，樂見其成，若這塊地真能四百五十萬買下，買下後租回給地主居住使用，是再好不過的神安排。而且，我預計和地主簽兩份合約，一份是租約，一份是委託維護管理這土地農舍的勞務契約，勞務報酬費用剛好折抵租金，讓地主無須額外負擔租金，這是我回報地主成全買地的一點心意。仲介還發來一則訊息，「晚上好，恭喜林先生，您即將擁有您一直想要的歸屬感了。」，我既開心又感動，不知如何形容此刻心裡的感受，感恩師父這一切的善巧安排！

我把這訊息轉發給香一師姐，師姐回覆道：「**您知道嗎？當師父跟我說四百五十萬，我還開玩笑說會不會太狠了？師父說不會。當知道地主的現況，又再次請示說這樣好嗎？師父說有用意，（答案即將揭曉）**」。看到香一師姐回覆告知這虛實相應的過程，原來師父自有用意，我大概可以猜想出個六七分，等我和地主見面時，我就會告訴他我買這地前後過程的殊勝事，我相信地主也會很訝異的！

隔日四月四日清晨四點就醒來打坐，打坐過程中身體靈動起來，高舉雙手於虛空之中領旨、頒旨：一、地主是香積法門師兄，獲頒法號「香〇」。二、地主師兄農舍裡佛堂的阿彌陀佛佛祖及伽藍、韋馱護法都晉陞三級。三、埔里道場所在的二一九巷巷子口《福壽宮》的福德正神晉陞一級。福壽宮目前在谷哥搜尋不到，日後將興盛知名。同時也感應到新竹大佛王寺的韋馱護法來到埔里道場與韋馱護法會靈，將會協助護持埔里道場。也感應到我自己前世曾是韋馱護法，也曾是伽藍護法，難怪我一直都特別喜愛韋馱、伽藍護法，每到任何的宮廟裡只要有韋馱、伽藍護法，都會特別駐足觀賞凝視許久。感應到新竹大佛王寺地藏王菩薩、孔雀明王相贈許多法財、法寶給埔里道場；感應埔里道場初步建基，將來機緣成熟會將前後山坡地都納入埔里道場。也感應埔里道場及福壽宮現在賀客盈門喜氣洋洋好熱鬧！

嗣後將早晨的這些感應一一記錄下來發給香一師姐，詢問師姐以上感應是否正確？香一師姐回覆「給你一個讚」貼圖，並特別囑咐「香〇師兄法號暫且不表，待機緣更圓熟。」。這不難理解明白，若未入法門，當然無香字法號，就靜待機緣成熟、因緣俱足！

四月四日晚我們一家人住宿在新埔近郊的一處民宿，隔日一早起床，在民宿附近散步看風景，來到一處叫「飛龍池」的灌溉用埤塘，隱藏在小山間，映著山頭山水相連，池中倒影陰陽相合，渾然天成的大眼睛，當下感應是一處等待開

新竹新埔飛龍池及天空中隱藏的數雙眼睛共有九眼

庫的寶庫，經詢問香一師姐驗證無誤，遂用手機拍下這池塘山水景物上傳法門群組通知開庫。之後看照片覺得這山後的天空中好像有好幾雙眼睛，我點出了其中四雙眼睛後詢問香豐師兄，香豐師兄回覆道：「你沒問問看？加水池九眼，九眼至尊是何人？顯化九眼為眾生～太上師父！」。山不在高有仙則名，水不在深有龍則靈，斯是山中小池，聚集天地之氣鍾靈毓秀，無怪乎能讓　太上師父為眾生顯化而來！

翌日四月六日清明連假後的上班日，凌晨兩點多就醒來打坐，又感應到好幾件殊勝之事：一、二〇二三年四月六日癸卯潤二月十六日寅時三點三十分頒旨、領旨～《香積如來法門埔里道場》正式成立，並賜大印。二、太上師父賜新竹新埔飛龍池予埔里道場，以補道場之不足；並賜飛龍池的「天地之眼」大眼睛給香輝安置於胸口八卦處，用以洞見陰陽乾坤事。三、不動明王大日如來前來與香輝合一，恭賀香積法門埔里道場成立。感應到的不動明王就是我放在車上的一面玉珮。四、賜大印《香積如來法門埔里道場之印》，後感應小印就刻《香輝之印》，嗣後經香一師姐回覆驗證無誤！

最近一連串很多的感應體悟，真的要成立無形的埔里道場，任重道遠矣！我特別再向香一師姐請益，如果是我想像力激素分泌過旺所致，請香一師姐一定要直言告知，方知節制妄念妄語，香一師姐還是回覆那饒富禪機的開示詩：

無幻無花無世界
無覺無證無如來
修行皆從此中來
無須掛礙方自在

豈料，是日下午，仲介發來訊息，地主將土地及農舍售價從六百八十萬降到五百三十萬，我謹遵師父指示：「四百五十萬可談，若不行就擱置。」，沒有追價，至四月七日斡旋期間屆滿也沒有進一步消息，我想這一件買賣應該是破局了[5]。確認沒成交的話，那先前感應的埔里道場及相關聯感應都還在嗎？我是否得繼續找尋其他合適的土地？經詢問香一師姐回覆：「無須掛礙，因緣俱足就會自動找上您！」。說不掛礙是騙人的，除了因為在埔里買地一直是我心中的祕密花園之外，也怕耽誤了為法門建立道場的任務，但此時也只能靜待因緣俱足的時候到來。

5 因為地主身體微恙需靜養，也需養老資金，所以我也衷心希望地主能賣個好價錢，告知仲介順隨因緣無須強求，日後經仲介告知以五百三十萬成交了，也為地主高興。

1.5 失之交臂桃米坑

當然，我沒有停止繼續留意其他的土地訊息，包括埔里以外的土地，看到多筆在南投中寮的土地，有九分多的土地開價四百二十八萬，有一點四甲的土地開價兩百九十八萬，先後請示香一師姐，師姐告知師父個別指示出價金額是「兩百六十萬」及「一百八十八萬（不增不減）」。但說實在的，一點四甲的地出價一百八十八萬，一坪土地四百五十八元？有這麼便宜的土地嗎？會是什麼樣的地？還真納悶與好奇，行動派的我自然是要前往一探究竟。於是立即聯絡好仲介，特別請了一天假專程去南投中寮看土地。

這天上午一共看了中寮及南投市共六筆土地，但都不滿意，除了坡度太陡、地塊零散、平台不大、過於荒野或臨路條件不佳等個別因素外，最主要的是我看了之後都覺得少了一分人不親土親的「歸屬感」。於是仲介又推薦埔里桃米坑一塊六百六十二坪的地，有獨立出入道路，有寬敞平台，有優美的視野景觀，有水有電有鄰居，而且更接近我的出生地。仲介告知地主開價三百八十萬，地主欲售底價是三百六十萬，議價空間有限。我看了之後就愛上這塊地了，符合我的期待條件，且成交價只要三百六十萬，信貸金額可以馬上支付還有剩。

埔里看地回來之後馬上回報香一師姐，告知桃米坑這塊地是最近在南投看的幾筆地中最理想、最中意的地，請香一師姐向師父請示出價多少合適？不久師姐回覆：「師父說兩百八十，不增不減隨順因緣。」。看到師姐回覆轉達師父指示的出價金額，我心裡就十五個吊桶七上八下，心裡想著師父的這個出價金額，若不是要讓我在故鄉地上撿到寶，就是分明要讓我買不成；但若是師父要讓我買不成，也必有其用意。

謹遵師父指示金額，我只能以兩百八十萬出價，但我也知道兩百八十萬要成交的機率極低，於是我特別再請香一師姐幫我請示師父：「師父是不是怕弟子負擔太重，所以指示出價都低於市場行情，香輝感念在心，師父指示出價兩百八十萬不增不減，香輝謹遵執行會以兩百八十萬出價。惟土地買賣尚有代書費、增值稅、買賣雙方仲介佣金等附帶條件，這部分是否可以由香輝量力而為斟酌決定？」，香一師姐回覆「ＯＫ！」。

隔日中午我回覆仲介我的出價條件，出價兩百八十萬由地主實拿，其餘的過戶代書費、增值稅、印花稅、…等費用由我負擔，包括買賣雙方應支付仲介佣金也由我負擔，且我以兩百八十萬的一成二十八萬作為謝酬。仲介的哀嚎反應在我預期中，但沒預料到的是，仲介當晚就表示棄權投降不幹了，請我提供銀行帳戶以便退還斡旋金，埔里桃米坑的這筆土地就此打住！

翌日晨起打坐，我思索著為何師父指示出價兩百八十萬，分明是不想讓我買成這筆地，但師父不想讓我買成這筆地的用意又是什麼？在靜坐中我頓悟明白了，想到一句電影裡的台詞「**老猿掛印回首望，關隘不在掛印，而是回頭。**」，謝謝師父用這樣的方式拉了我一把！

回想這次突如其來積極想在埔里買地的前後過程，我很清楚買地資金來自銀行貸款，現有房貸再加上信貸將會增加我的經濟負擔，但我自認為月收入還負擔得起，若現在不勇敢果斷買地，怕年歲漸長更沒有勇氣與動力了，姑且當作是藉買地來強迫自己儲蓄。而這短短兩週時間裡，我兩度專程南下看地，且已經申辦好信貸銀彈備用，也兩度正式出價要買地了，這些事一直都還沒告知我們家的另一位「活菩薩」師姐[6]，因為一來我可以預見內人可能的反應，二來出價也不代表成交，等成交了再說不遲。

在第一次出價委託斡旋時，我試探性的把臉書上的埔里土地售地資訊轉發給內人看，內人回了一個搖頭娃娃的貼圖；也試探性的問內人現在房貸利率是多少？是不是比信貸利率還高了？內人馬上秒回一句：「你別給我辦信貸喔！」。當下我心裡就想，「果不出我所料」、「師父會不會知道內人的反應？」，現在應證看來也是不出師父所料，才會有此讓我

6 參閱前著作《快人快語揭天幕》「3.5香珪師姐」一文。

買不成的出價指示。

再仔細思量反省，如果三百六十萬成交了，剛核貸下來的信貸金額可以立即支付無虞，還有百萬餘額可以投資應用，但未來七年我每月要支付房貸加信貸還款金額，雖說還支付得起，但前提是國泰民安風調雨順工作收入不能有任何閃失。即便是成交買下了這塊地，也勢必要閒置幾年無暇無力照料建設，更不可能去定居長住，如此前瞻計畫是否務實不無疑慮。

而且，若真要如此強勢操作，若沒有先與咱家師姐有一致的目標與共識，勢必要鬧家庭革命，小則打入冷宮陷入冷戰，大則貼身肉搏勝負難料，這更有違師父一直強調「小家齊」的基本訓示。反之，若暫時不買地，幾年內先將房貸輕鬆還清，且有餘裕去發展香魚公司業務[7]，行有餘力去做更多利益眾生利己利人的事，或許休養生息積累幾年後，更有資力回埔里購置更大更合適的土地。

歲月靜好，我偏好動閒不住，雖是如此，師父寧可玉碎以求瓦全，寧可讓道場土地晚些購置，也不願讓我為買地鬧家庭革命，為買地而讓我當超人超載運作。所以，攔不住我就只

[7] 「香魚藝術有限公司」簡稱香魚公司，設立於二〇二三年二月十七日，於二〇二五年二月十七日變更登記公司名稱為「香積園有限公司」，因緣俱足詳細過程請參閱本書「5.2玉帝頒旨香積園」。

好讓我回故鄉四處跑跑看地看風景，指示出價也只是讓我實習出價出好玩的，就是要讓我買不成。殊不知，經此一番折騰，回故鄉買地建道場的藍圖，已經在心底清楚地浮現……。

仲介帶看土地後的出價斡旋期間，希望我能再加價買下有歸屬感的故鄉土地，我回應仲介說：「我只要回到埔里，走在埔里街道上呼吸故鄉的空氣都有歸屬感，買房買地只是多了一分聯結，……」，結果地沒買成，只好有機會回埔里時多多深呼吸，但是說好的埔里道場呢？不免念念不忘，為此事罣礙在心。

幾日後在靜坐中感應頓悟，香積法門的人間道場就在弟子家裡，在弟子心中，弟子所在之處即是道場，香積法門重視「小家齊」的觀念，一家安祥之境便是人間最好道場。而那一根豎立在地上的大桿子，所在之處不是大坪頂蔡師兄的土地上，而是立在虎子山台灣地理中心大地測量原點的三角點上，有形的是三角點上的衛星追蹤站，無形的是香積法門道場的旗桿。原來，福澤廣被發原點，異鄉緣起是故鄉，冥冥中一切似乎早已經安排底定。

第二章　瑞穗買地

故鄉埔里買地計畫雖然腳步放緩，且走且看且停歇，原本把買地範圍鎖定在以南投埔里為中心往北擴展，從來也沒有想過去台灣東海岸花蓮買地，豈知人生際遇難料，始料未及之處，正是命中註定天選之所。事後也才明白　香積師父的用心，在故鄉埔里買地最後的出價，原來是「預見化境」在瑞穗買地的諭示，一見如故，十三天成交。

2.1 清心師父來頒旨

故鄉埔里買地建道場的藍圖在心裡草繪完成之後，買地的念想與行動也就暫時放緩下來。時隔一年，二〇二四年二月十日是農曆新年正月初一，就在過年前兩週，一月二十三日接到一張交通違規罰單，都還沒去繳罰款，放年假前兩天二月六日又接到一張交通違規罰單，依據過去屢試不爽的經驗，每次接到交通罰單之後不久都會接著有好事發生，所以我每次接到罰單都戲稱「報喜的又來了！」，只是這一次農曆過年前接連著收到兩張罰單，會是有多大的好事會接著發生呢？我滿懷期待。

二月八日除夕前一天開始放年假了，一大早我特地去花市想買些應景的花卉，經過去年買海象牙印材的骨董藝品攤子，我駐足瀏覽了一下，又看到海象牙印材，老闆見客戶上門就招呼說「喜歡便宜賣，開個張。」，來逛花市還沒買花就先幫老闆開張，把兩大兩小的兩副大小套章印材都買了。

年假期間，除了外出遊玩走春，在家裡就是划手機，ＦＢ臉書自動跳出不動產銷售物件，又觸動我去搜尋查看更多土地銷售物件資訊，其中有幾筆土地引起我的關注，有一筆視野不錯在花蓮瑞穗的山坡地，我隨手留言提問這地的具體地點在哪裡？原本以為這大過年的在網上留言，仲介應該也是農曆年假後上班了才會回覆我，豈料負責這物件的仲介林經理很快秒回答覆我，經洽詢告知是原保地（原住民保留地）我不能購買，林經理推薦另外兩塊相連的平坦農牧用地給我參考，燃起了我一探究竟的興致。

二月十五日新春開工上班日，大清早我就發訊息給香一師姐，附上幾筆土地物件資訊，告知師姐我又蠢蠢欲動想看土地了，買一塊種橘子的小地都好，香一師姐回覆我一個比讚的貼圖。二月十七日我再發訊息給香一師姐：「敬稟香一師姐：花蓮的仲介推薦另兩塊地，離台九線花東縱谷公路、瑞穗牧場、北回歸線地標不遠，平坦的地，三面環繞小山丘，我還蠻喜歡的，總價比去年埔里的地價還低，想請示師父，是否合適購下？土地資訊如下……。」，香一師姐又回覆我一個比讚的貼圖，但其實我不甚理解香一師姐比讚的意思，是表示肯定這塊地可以進一步洽購？或者只是讚許我有唐吉訶德般的精神？

翌日，我再賴香一師姐，「實在不確定是心生幻想還是真有旨意，還是向香一師姐稟報請示：今早起來打坐，滿腦子都是花蓮的地，但也沒有特別的感應，不像去年還感應到有兔子滿地跑。但打坐到最後高舉雙手，接旨，買地，我還在想是　香積師父頒旨要買地？接著念頭是『清心師父』，是　清心師父頒旨買地，而且賜與一座三角形的大石頭安置在地塊上作記號。敬問香一師姐：這感應正確嗎？還是香輝想買地想瘋了，牽拖是　清心師父頒旨要買地？」，不久香一師姐回覆說：「敬回師兄：無須掛礙！暫且擱置晾它幾天再看看。」。我也回應附議香一師姐就晾它幾天再看看，有去年埔里購地經驗前車之鑑，這次不能輕舉妄動太衝動，何況這地點還是遠在花蓮瑞穗。

二月二十四日元宵節，一早我賴香一師姐，「香一師姐早安！元宵佳節愉快！敬稟香一師姐：今晨打坐，又想著花蓮瑞穗地，後來感悟到：一、先感悟到當地有不如法及求渡眾生，先淨化，再加持渡化眾生到該去想去的地方，也請原民的祖靈來帶領。二、高舉雙手領旨：領了一面四方形令旗，令旗顏色是深寶藍色近乎黑色，且顏色像消光漆一樣會隨光線變化，就如同帶香輝遊地府的黑麒麟老黑一樣的顏色，令旗上繡著一隻麒麟。我問此『麒麟旗』的用意何在，感悟是作為類似『奉節』[8]，正是要去瑞穗那塊地獻旗與當地無形眾生結緣（不是去插旗佔地）。且感悟那塊地是一處「通道」？麒麟穴？也似乎看到原民眾生排成一列歡迎致意，回贈小米酒及其他許多農特產山產。敬問香一師姐：以上感悟是否正確？敬

[8] 奉節，持節。謂出使。《後漢書・班超傳》：「今臣幸得奉節帶金銀護西域，如自以壽終屯部，誠無所恨，然恐後世或名臣為沒西域。」。參閱網搜字典網奉節的解釋。

謝香一師姐！」，「敬回師兄：念想由來幻，妄情不須息，長波當自止，功到自然無。且修且行且證悟，這是最棒的體悟，有求必應問必答，開啟智慧更通達。」。香一師姐的回覆玄之又玄，但因為感應到　清心師父頒旨買地，及無事不登三寶殿的宅男老黑出現，我對花蓮瑞穗這塊地就更加嚴肅以對了，我必須親自前往一探究竟，見地方休。

我已經很多年沒坐過台鐵火車，剛好藉這次看地機會，決定坐一趟花東線火車，欣賞沿途風光景色，那是和開車所見截然不同的視野。在月台等火車時，我特地發個訊息給香一師姐，告知師姐我要去花蓮看地，香一師姐回覆我一個「超級棒」的貼圖，是否暗喻這趟花蓮看地之旅會有個超級棒的結果，或者只是再次讚許我有超級棒的唐吉訶德精神，或許兼而有之吧。

訂好到瑞穗站的自強號火車票，約好仲介林經理就在瑞穗車站接我，帶看的土地離瑞穗車站不遠，查詢谷哥地圖只有約六公里距離八分鐘車程，從台九縣轉進往瑞穗牧場的產業道路，在轉進產業道路的那一幕我心裡暗暗一驚，這裡不正是一個多月前元旦花東功德行，我們離開北回歸線標誌公園要南下去下一站時，我開錯方向往北開，剛好開到這路口想利用路口迴轉，不料車頭一轉才看見路口站了個交警，不確定能否迴轉之下只好先左轉直行，就是開進這條路的涵洞後再調頭，所以印象深刻，心裡想「這麼巧!?」，原來元旦功德行時已經結下一面之緣！

順著產業道路開到盡頭，道路兩旁就是要帶看的土地，一下車環顧四周，有似曾相識一見鍾情的感覺，三面被不高的樹林及淺山環抱，一面進出花東縱谷，且地塊上有一個長滿水生植物的水池，水池四周是土地並無溪流，應該是有地底湧泉出水口，感覺就是一處藏風聚氣又有活泉水源的風水寶地，難怪　清心師父會欽點此地，難怪老黑會先一步來獻旗交際做公關，老實說，我自己也是一見如故般投緣非常中意這塊地。

看完地離開已近中午，林經理開車載我想找個地方吃午餐，順便談一下看完地之後的想法意願如何。我說就近找一家7、OK或全家，有座位可以坐一下的便利商店就可以，林經理谷哥查詢到附近不遠處有一家「瑞穗有機生態農場」可以用餐。我們抵達農場後見一棟建築，入內後一位出家師父來招呼我們，且赫然驚見裡面供奉著一尊莊嚴的　千手觀音佛祖，與師父攀談詢問之下才知，這裡原本是一處道場[9]，為方便眾生飲食故，因緣際會地發展副業，始成就一處供應素齋的有機生態觀光農場，過年期間都要提早預約訂位用餐，結果我們

---

9 瑞穗有機生態農場，同時也是大光明道場，地址在花蓮縣瑞穗鄉瑞北村瑞北20-7號，自一九九九年結合一群有志同道到瑞穗開荒闢地種植有機農作物至今，栽種有機鶴岡紅茶（一炮紅）、祖母紅、蜜香紅茶等多項得獎有機茶葉。

就這樣誤打誤撞地闖進來，慧心、慧幸兩位師父很熱心的招待我們吃美味的素齋，用完餐還先後現泡好喝的紅茶、烏龍茶、佛祖茶請我們喝，離開時還送我們好多伴手禮，真沒把我們當初次造訪的不速之客，彼此心裡都充滿法喜，我相信這一切都是　千手觀音佛祖指引我們來此結緣的，下回有機會開車再來花蓮瑞穗，我一定會再來此農場看望二位師父。

離開農場後就直奔瑞穗車站，距回程北返火車時刻還有些時間，我就火速直接和仲介林經理簽約下斡旋金了，兩筆山坡保育區農牧用地共九百一十三坪，地主開價兩百二十八萬，簽約出價一百八十萬，預期希望能在兩百萬以內成交。簽完約，我就去等北返的火車，今天一早不到六點就出門，在北返的火車上閉目休憩補眠，但腦海裡一直浮現一個畫面，老黑很優雅地趴在今天帶看的土地中池塘旁樹底下的小土丘上面，氣定神閒怡然自得，似乎很歡喜在這個地理上。是老黑覓得其所，還是我又念想由來幻了？我把這如幻似真的腦中化境告知詢問香一師姐，香一師姐先是回覆我一個哈哈大笑的貼圖，「所以老黑真的在那樹下池邊小土丘據地為王了？」我問，香一師姐回覆我一個貼圖～「YES！」。

翌日清晨打坐，回想這一趟瑞穗看地前後過程，因　清心師父頒旨及宅男老黑現身，讓我決定立即專程前往看地，到達現場一見投緣，老黑也歡喜，若有機緣有能力買下當然不應錯過。而前幾日詢問　香積師父購地事，未得師父明確回覆意見，指示「暫且擱置晾它幾天再看看」，原來要觀察幾天再看看的，是看我的評估判斷與決心！以去年埔里道場購地過程前車之鑑，這回師父未直接回覆明確意見，我感悟是因為不想給我壓力，不希望是因為在師父指示下為購地而購地勉力為之。但經過實地看地比較之後確實歡喜，也有老黑以實際行動據地認同，售價及資金準備上也比去年更經濟實惠壓力更小，審慎評估過是絕對可行的，我在打坐中已經明確向師父稟報，請師父做主成全。

另外，此地若因緣俱足圓滿買下，除了是我退休後過田園生活的一方天地，也可以做為香積法門用地，道場大小章海象牙印材也準備好了，原來農曆過年前去花市又買了海象牙印材是有此用意。該地買下後，我會先在四方地界上種樹當綠籬，在退休前這幾年先以友善農法種樹養地，讓土地休養生息，同時慢慢規劃如何利用。我也會去找一塊三角形的花蓮大理石，刻上「香積」二字，就放在通往此地入口的位置，將　清心師父賜予的巨石虛實相應顯化於人間。

這回購地準備好了，但以平常心隨順因緣，一切恭請師父做主發落！和仲介林經理簽約委託斡旋期間就到三月十日，剛好九日、十日兩天功德行，希望功德行時能向師兄姐報告這購地圓滿的大喜訊！

2.2 三師同賀麒麟日

二〇二四年二月二十九日，難得四年才有一次的閏年二月二十九日，農曆正月二十，剛過完元宵節不久還帶有年味，今天真的是很特別的一天，要記錄在今天完成的這兩件大事，我自己都難掩心中激動、歡喜、讚嘆又感恩的心情！

第一件事是我終於把出版社初步編輯後的香積法門叢書第一集《快人快語揭天幕》書稿第一次校稿完成，今日一早將書稿發送給出版社編輯後，為香積法門叢書打頭陣的任務暫告一個段落，估計不出兩個月，再經過兩三次校稿後，這本書就可以定稿正式出版問世了。

第二件事就是花蓮瑞穗買地事，從花蓮瑞穗看地回來後，難以言喻的莫名的充滿法喜的感覺，雖然已經和仲介簽約正式出價委託斡旋，但買地茲事體大，八字都還沒一點，而我已經開始做初步規劃，打算在那土地上種一片美麗又有香氣的樹林，並且立上一顆象徵香積法門法印的三角形碑石奠基，昨天二二八假日在家已經開始上網搜尋相關物件訊息，也已經相中一顆白色大理石，一旦瑞穗土地談定之後，我就開始著手種樹立碑。

雖然心中充滿期待，但仍然保持平常心，我也沒有去詢問仲介進行得如何，仲介也還沒有主動向我回報任何信息，一個早上就這麼平靜度過了。豈料，到了中午午休時間，我在辦公室座位上盤腿打坐小憩，突然覺得額頭及面頰持續有一股熱流，源源不斷灌頂襲面而來，先是感應　香積師父的加持力，後來感應還有　清心師父及　太上師父，我正疑惑怎麼師父們都來了？這還是我第一次有此感應經歷！繼之感應到師父們是來向我祝賀花蓮瑞穗的土地成交了！香積法門的人間道場土地有著落了！所以特地前來慶賀！我似乎還看到老黑也來了，而且還歡天喜地蹦蹦跳跳的，活像是廟會裡的舞龍舞獅，完全不像祂平日酷酷的老宅男風格。

打坐後我將這個如幻似真的感應過程發給香一師姐，告知師姐我都還沒和仲介聯繫，仲介也還沒向我回報任何信息，怎麼我自己先有這樣的感應？念想由來幻，是我自己的妄想妄念太嚴重？還是真的有機會可以成交了？香一師姐很快就回覆我一個比「超級棒」的貼圖。「哎呦喂呀！敬謝香一師姐的回覆貼圖！『超級棒』的意思是這回真的要買成土地了嗎？謝謝師姐！」我繼續追問香一師姐。

結果香一師姐換了一個貼圖回覆我~「發動魔法卡」，這又是代表啥意思咧？「哎呦喂呀！香一師姐的回應貼圖，玄之又玄眾妙之門，實在是吊足人脾胃咧！是因為天機尚不可洩漏？」我繼續問。香一師姐再換一個貼圖回我，這次貼圖層級更高了，圖裡有佛祖、觀音菩薩和捧著金元寶的財神爺，背景題字是「諸事皆順」、「發」！接著先後發來兩張兔子的貼圖，圖中文字是——「所有的努力都有回報」、「你所有的奔赴都有意義」。香一師姐這一連串充滿玄機禪趣與法喜的貼圖，似乎意味著~佛曰不可說！

一整個下午仲介只有回報一個訊息—「同事已下瑞穗談價，等她們回來跟您回報。」，但一直到晚上過七點了都還沒有回報任何消息，我心想可能事有變卦，要不然若是有正面消息，仲介應該會迫不急待地回報才對，就保持平常心。結果仲介在七點五十分發來消息，回報說與地主最後談成的價格是兩百零八萬，問我是否能接受？我一方面與仲介來來回回的詢問細節磋商價格，希望能在原訂預算兩百萬以內成交，一方面發訊息給香一師姐回報現況並請示師父的意見，香一師姐回覆告知「兩百零八沒反應」，師父沒反應沒指示就是不同意的意思。

「那再請示師父要出價多少？仲介在等我回覆才能下班。如果出兩百萬呢？」，我請香一師姐再請示師父意見，因為兩百萬是我去花蓮看地之前就已經先請示過師父的出價金額。香一師姐很快回覆我一隻牛比大大的「ＯＫ」的貼圖，就是維持原議出價兩百萬的意思。再獲師父指示確認出價金額後，接下來我就心裡有譜知道如何進行了。結論，兩百萬成交！我額外補貼地主支付一半的賣方仲介服務費用，讓這樁土地買賣圓滿達成。

回想這次花蓮買地過程，從二月十六日開始和仲介聯繫洽詢，二月二十七日專程去看地就下斡旋金，到二月二十九日敲定成交，原本只是抱著問問看、看好玩的心情，豈知竟然一見如故、一見鍾情、一見定江山！短短十三天時間就購得寶地圓滿所願，是誰一開始還說「這次不能輕舉妄動太衝動」!? 殊不知，這豈是我輕舉妄動太衝動，是各方因緣俱足，謀定而後動！

衷心感謝 清心師父的起頭提點，感謝 香積師父的成全賜與，感謝老黑的現身行動，驗證香一師姐所言——「且修且行且證悟，這是最棒的體悟，有求必應問必答，開啟智慧更通達。」，也再一次虛實相應驗證香積法門殊勝法。

買地成交，我翻閱法門「新頒日課」想找個土地過戶登記的好日子，看到農民曆上寫今天二月二十九日是「麒麟日」，民俗黃道吉日中的上吉之日，這老黑還真是會挑地點、挑日子。接下來，我除了要種樹、安基石之外，也要來準備買車開車行了，香菱師姐已經發來訊息——「我要入車行」[10]！

10 香菱師姐先是打趣說，你要不多買幾部車子來開個車行，就有機會多多接到「報喜的」，好事多多。後來聽到瑞穗買地成交的消息，立即發賴祝賀外，並且表示「我要入車行」！

2.3 可遇難求香積石

二〇二四年三月六日，農曆正月二十六日，農民曆上恰逢「驚蟄」，中國傳統二十四節氣中的第三個節氣，大自然界以春雷乍響驚醒蟄居過冬的生物，古人遵循節氣春耕、夏耘、秋收、冬藏的作息，現在才是過完農曆年後一年耕耘勞動的開始。而這一天，我像農夫一樣勤奮早起，趕搭早班的自強號火車，去花蓮正式簽訂土地買賣合約。

簽約地點就約在花蓮市區裡林經理的仲介公司，見到了地主本尊，一位世居當地的樸實婦人大姐，和地主寒暄閒聊幾句，地主說她從小就在那土地上玩耍長大，那邊的土地一直都是種稻的稻田，目前是依鄉公所要求休耕中。後來經林經理告知，原本在我看地前一天有一組客人約好要第二次去看地，不巧當天下大雨就沒去成，改約兩天後再去，結果我隔天就插播捷足先登跑去看地，沒下雨也沒太陽，不冷不熱氣候宜人，而且我眼明手快心有定見，看完地就立刻簽約下斡旋金，兩天後就順利成交了，林經理直說那塊地就是和我有緣！

難得去花蓮一趟，且已訂好下午四點多的回程票，時間寶貴浪費不得，去花蓮之前我已經把網路上所有園藝公司、景觀石場的石頭都看了好幾回合，最後篩選出三家石場的幾顆巨石，約好今天簽約完成之後就接著去看石頭。要將　清心師父贈與具有象徵意義的石頭虛實相應顯化於世，石頭的外觀造型、品種質地、色澤紋路、氣度磁場等條件自當是要特別講究，特別是石頭的噸位必須夠穩重不能太小，至少是幾個人來也搬不動的等級！但石頭種類繁多質地各異，要在盛產石頭的花蓮找到符合條件的石頭，就像是在花蓮七星潭海灘尋寶石，可遇難求！但在香積法門裡，可遇難求的事就偏偏會讓你遇上。

去花蓮之前已經先電話聯繫預約了三家石場，但是滿心期待地到了現場看到實品後都大失所望，有的形體不如照片好看，有的質地不佳呈片岩狀易風化，有的噸位過大或是稍嫌輕薄，有的開價太高CP值不高，從網路上看照片的石頭無一滿意。豈料，眾裡尋它千百度，美石就在路邊草叢處，跟著老闆穿梭於石場帶看推薦石頭的過程，我眼角餘光瞄到路邊草叢深處有一顆石頭，顯露出低調的高貴氣質，乍看就很對眼，隨口問老闆那一顆是什麼石頭，「那顆很重！」老闆不太想賣不愛搭理敷衍式回答，還叫我不要考慮那顆。孰料，可遇難求一眼定情的就是它了！

自從和那顆石頭對上眼後，跟著老闆帶看石頭過程就一直心有懸念，看完石場所有的石頭後，是有看到兩顆還不錯的墨玉質美石，老闆以為我就要二擇一敲定了，但最後我還是繞回去再看看那顆懸念在心的石頭。循原路走回，遠遠看到那顆遺世獨立在草叢裡的石頭，似乎散發著獨有的氣場與光芒，走進草叢撫石細看環繞半圈（因為另外半圈貼著樹林），更是驚為天石一見傾心，非它莫屬了！

這顆石頭外型，高度兩米有餘，估計超過十噸，從正面看是尖頭三角形，壁立千仞般的氣勢，如同我靜坐中感應所見，從背面看卻是圓頭柚子狀，渾圓飽滿的大肚子，活像是尊彌勒佛一樣。這石頭質地乍看是白色大理石，側邊還有一道像是高山飛澗瀑布般的共生礦，老闆說硬度像花崗石、石英石般有莫氏六到七度，密度高，所以很重，數人環抱也難以撼動。我繞著這石頭來來回回看了又看，伯樂相中了千里馬，越看越是充滿法喜，可遇難求的就是這一顆了！

遺世獨立隱居草叢中的奇石，正面看是尖頭三角形（左），背面看是圓頭柚子狀（右）。

石頭選定之後，我就趕著去坐火車北返，但一路上已經開始構思在這石頭上要鐫刻什麼字？應該刻「清心」師父還是「香積」師父的名字？或是刻「香積園」、「香積學苑」、「香積淨土」這些平常耳熟能詳的名稱？還是刻「香積寺」預立宏願？還是刻一篇「香積法門誌」簡述這一段購地立碑的神奇機遇故事？或者就來實現刻上多年來心中樂土的名字「八樂園」[11]!?命名空間想像無限，但最後還是諮詢香一師姐請示師父意見後，「香積」二字定稿！字體也是師父欽定法門裡一位師姐書寫的字體[12]，我從香豐師兄家春聯橫批「香積法門」四字複印，刻好的成品連刻字的老師傅都讚嘆充滿靈動力，而背面就刻上　香積如來師父的心咒「**吶羅摩囉護呵**」。

土地買賣過戶有一道重要的鑑界程序，在辦理過戶登記前要再次到土地現場履勘丈量，確認地籍圖登錄的界樁標示位置以及長寬距離，據以核算確認土地面積，土地買賣及課稅均以鑑界後的重繪地籍圖登記面積為準，避免土地面積因為地形地貌變更而有差異，特別是在

---

11 筆者一直夢想著將來能擁有一方天地過晴耕雨讀的生活，也愛吃水果特別是芭樂，心中默許，當擁有一方天地時，要來種幾棵芭樂樹自給自足，且命名為「八樂園」，取芭樂諧音，也意喻人生樂事再添一樁，勤勞資有生，自勵自勉！

12 「香積」二字即本書封面照片香積石上鐫刻，字體既莊嚴又靈動，已申請字體美術著作權登記，受著作權法保護。

因板塊移動地震頻繁的花蓮更有鑑界的必要。二〇二四年四月十一日上午，花蓮玉里地政事務所前往鑑界，鑑界完成確認界樁位置後，這顆香積石也確認了安置的座標。之後又費了番功夫終於安座底定，就在前往這土地的入口不遠處，功德圓滿，為香積法門弘法利生的志業立下一個新里程碑！

二〇二四年五月二十四日，再赴花蓮去拿已經過戶登記完成的土地權狀，同時也簽約買下鄰地，是同一位地主大姐與姐妹共有的地也一併轉讓給我，而這塊鄰地就是第一次來看地時，老黑在池邊樹下小土丘上望春風的那塊地，圓滿老黑所願。三塊地的買賣總價含仲介服務費等共二百八十萬，突然想起去年在埔里最後一次看地出價時，香一師姐轉達師父囑咐的——**「師父說二八〇，不增不減隨順因緣。」**，這是否也是師父預見化境早有安排!?

2.4 原保地是元寶地

二〇二四年三月六日香積園土地買賣簽約，那天簽完約就馬上去幾個石場看石頭，就因緣俱足相中買下了陳老闆的這顆巨石，大理石與石英石的共生礦，且早早就請專業刻字的老師傅把「香積」二字鐫刻好了，原本以為四月十一日這一天鑑界完成確認界樁位置後，就可以接著把香積石安置就定位，所以接到地政事務所鑑界通知書時，我也聯繫通知了陳老闆，請陳老闆安排在四月十一日這天一早就把巨石從花蓮運到瑞穗，估計鑑界不會花太久時間，中午前可以完成巨石的運輸吊掛安置作業，同一天上午就把鑑界、立石一次搞定，畢其功於一役。豈料，故事的劇情發展就是很多梗，出乎意外這麼多始料未及的料。

花蓮到瑞穗走台九線距離將近七十公里，一般轎車在行車速限下也要開一個小時，但若是拖板車載運一顆重達十多噸的巨石到瑞穗，要花幾乎三倍的時間。行前我就稟報　香積師父請師父保佑今日一切作業都能順利、平安、圓滿，當天很平安順利地將巨石運到瑞穗，我九點多到達瑞穗香積園時，載著巨石的拖板車已經停在馬立雲路的路邊，包括要吊掛巨石的吊車、要整地挖地基的怪手，都已經在附近路邊待命了。

豈料，我一邊陪同地政事務所技師在農地上穿梭鑑界確認界樁，一邊遇到陳老闆向我反映說今天沒法安石頭，因為要進入到農地的水泥農路下是設有排水溝的涵洞，水泥路面只有薄薄十多公分，恐載重不夠，負荷不了巨石加上拖板車的重量。而且，進出農地的唯一農路只有四米五寬，與兩邊農地還有平均約半米的高低落差，要吊掛巨石的大吊車也無法進入到現場進行作業。更麻煩的是，農地使用的限制規定多，舉凡要動用到吊車、怪手等機械器具在農地作業，都必須事先向鄉公所申請許可。

這些始料未及突如其來的因素，香積石是肯定無法在當天進行立石安基作業了，傻眼！但也不可能把香積石再運回花蓮石場去放，也不能就地卸貨放路邊吧，這下如何是好？恰巧，拖板車暫停待命之處，旁邊的土地地主剛好是那天的吊車怪手工程行的謝老闆認識的朋友，於是謝老闆向地主打個招呼，情商暫時借放一下這顆巨石，等裡面的農地完成申請作業可以進行施工後就移走。豈料，這一放就是半年！而這顆香積石從鐫刻完成那一天，香豐師兄說：「師父派火麒麟去顧」，一顧也顧了半年！

在「農地農用」保護台灣有限農地的政策下，農地使用的規矩限制還真多，相關的法律、施行細則、主管機關的行政命令、大法官解釋，要動用怪手、吊車到農地上進行整地、吊掛巨石，都必須先提出申請獲得許可，許可條件包括要做簡易水土保持設施。更特別的條件是，在我的農地上還相鄰鑲嵌著一段蜿蜒而過的尊貴國有地，未經取得國產署正式的同意書，還不得借道使用，更別說是有意或無意的占用了。

於是乎，我一邊向瑞穗鄉公所提出聲請農業生產設施搭建網室，作為苗場培植樹苗及花卉的場地；同時申請配套設施車輛運迴轉空間，解決路寬不足迴轉的安全性問題，預計利用迴轉空間的中心點來安置巨石做造景。一邊向國產署提出申請租用國有地，經詢問經辦人才知，申辦承租國有地的案件很多，所以至少要等半年以上才會「有消息」，整個審查作業、現場會勘、簽訂租約程序完成，再據以申請使用同意書，到可以正式進場施工整地，保守估計至少要一年時間。既然申請承租作業耗時甚久，剛好我那塊地與國有地的相鄰狀況符合申購條件，那不如就直接申請承購國有地，方便整個農地的整體規劃使用，也幫國家活用去化無經濟效益的畸零閒置資產。

提出申請之後，思考後續土地使用規劃的相關事，包括要種植哪些樹種，突然想到陳老闆提到的農路載重不足問題，「載重不足⁉」，那即便是鄉公所及國產署的申請程序都跑完都核准了，那條農路還是一樣的現況啊，載重問題仍然沒有解決，屆時香積石還不是一樣的進退不得⁉想到這農路的根本結構性問題，我覺得我不用等牛年馬月的申請許可了，應該好好來思考一下「B計畫」！所謂的B計畫，就是另外找一塊沒有這麼多限制條件的地，可以盡快來安頓香積石。

於是我又開始找地看地了，從網搜查看各大不動產仲介公司網站的土地銷售物件，看到法院的法拍地，但是都沒有找到地點位置、臨路狀況、地形地質、面積價格以及非原住民保留地等各方綜合條件合適的地。最後突發奇想，那就自己來找找看已委託仲介及法院法拍物件以外的地，若有合適的地點就主動聯繫地主，問問看是否願意出售或是出租土地，成敗總是有「50比50」的機會，Just take a good try！

就這樣，配合地籍圖及谷哥地圖實地街景畫面，可以看到土地現況做參考，我從那條農路底往外推進逐筆逐筆找，先是看中了到路口天主堂附近的地，請香鳳師姐幫我調閱電子土地謄本，香鳳師姐依據謄本上登記的所有權人住址還去親自拜訪地主，奈何地主並沒有出售或出租的意願，但沒關係，因為這樣的找地模式及經驗，啟動了找到下一筆地的機緣。

我繼續從地籍圖上順著馬立雲路往外找，路旁有幾筆地都不錯，我把土地的基本資料都先記錄下來。後來找到那個分別往瑞穗牧場及香積園的大叉路口，那大叉路口的地也正是香積石在四月十一日鑑界那天就運來，因無法進行立石安座，就近借地暫放之處。這個地點位置也很棒，從台九線轉入馬立雲路後的第一個大叉路口，如果香積石可以立在這裡，不但具有明顯的路標指示功能，而且吊掛施工作業方便，完全沒有前述的申請程序及施工作業障礙問題。「耶⁉」，心裡突然一驚，這塊地該不會就是香積石的安頓處？難道香積石自己早早就已經選好立石的座標地點，第一天載運到瑞穗就已經直達安座地點了⁉是我後知後覺現在才發現⁉先留下註腳，待日後驗證。

我先調閱這筆地的地籍謄本了解一下基本資料，一樣是山坡地保育區的農牧用地，面積一百零三坪大小適中，但這一筆地是原住民保留地，我只能用承租方式，因為地主是謝老闆認識的朋友，所以就直接請陳老闆及謝老闆幫忙聯繫詢問地主，問問看是否願意出租這塊地，讓我把這顆巨石就地立起來安置。兩週後有了好消息回覆，地主願意把地出租給我，便約定好在二〇二四年十月二十九日這一天簽訂土地租賃契約，同一天就立起香積石。

香
原來
香積石
立基地點
老早已選定
農地程序冗長
農路載重有疑慮
改弦易轍另覓他地
網售法拍不如自己找
頭尾角地中發現大角地
香積石第一天即送達定點
待申購國有地完成後重規劃
師父已欽點香積園迴轉中心點
每步過程用意考驗信心耐心細心
拭目以待再一次驗證香積法門神蹟

二〇二四年四月十一日香積石運到瑞穗就借放在這路邊原保地上

和地主協商確認好立起香積石的位置，就是目前所在地點沿路往左移十米處，雖然只是挪移十米，卻花了三個小時，怪手先整地清除雜草枯樹，在立石點挖個淺坑，動用吊車及拖板車將巨石移位，吊掛放置到定點，同時動用吊車及怪手調整面向方位、校正中線水平及仰角，都確認定點無誤後，四周再圍上一圈石頭，大功告成，順利圓滿。香積石立起來之後，再次清楚的看到巨石原貌，心中充滿法喜的感動，如同在石場第一眼見到這顆巨石時的震撼，雄偉壯碩，氣勢磅礴，鐫刻上「香積」二字後，更增添莫名的靈動力與震盪能量！

為了香積石安座，我特地準備了小禮物，五顆今年九月去日本東京旅遊時買的富士山火山岩石，一個用富士山火山岩及硨磲珠串成的手鍊，一個裝了五顆彩色增生舍利子的小嘎屋，還有吉美師父[13]相贈的一串一百零八顆紫檀念珠[14]，通通放進香積石安座的土坑底下。香積石安座圓滿，我坐在香積石旁的石頭上休息，回想、感受一下香積園、香積石從無到有虛實相應合一的過程，在香積石旁我顯得更渺小更苗條，一切都值了！突然領悟到先知　香

13 吉美慈仁葛西師父，密宗上師，四川甘孜人，曾來台弘法，在師大語文中心學習中文，也在靈鳩山參與法會佛事，現已回到甘孜主持自己的佛寺。二〇二四年八月在廣州東莞最後一次與吉美師父會面時，吉美師父相贈一串紫檀佛珠。

14 自二〇二四年十月十四日收到回覆消息確認可以承租立石，開始唸誦香積石背面鐫刻的「**香積如來心咒 吶羅摩囉護呵**」，預定唸誦十萬遍，於香積石安座當日僅完成六萬餘遍，安座後繼續持咒至今已十萬遍圓滿。

積師父的慈悲體恤，師父知道這巨石搬動挪移不易，所以在運送到瑞穗的第一時間就直達安座地點了，方便日後再挪移就定位，只是我後知後覺瞎忙了半年。

開始洽購香積園、香積石的時間點，剛好是我前著作《快人快語揭天幕》定稿、校稿即將出版之際，這顆香積石因為前述種種原因還沒安置就位，於是我在書中只好先籠統概括式記述，「二〇二四年四月十一日上午，花蓮玉里地政事務所前往鑑界，鑑界完成確認界樁位置後，這顆香積石也確認了安置的座標。之後又費了番功夫終於安座底定，就在前往這土地的入口不遠處，功德圓滿，為香積法門弘法利生的志業立下一個新里程碑！」，現在再讀這一段文，似乎是預言式的精準記錄了現況，只是這「安座底定，就在前往這土地的入口不遠處」是往前推移到馬立雲路上的大叉路口的原住民保留地上，如在教會擔任傳道的大學同學二哥說的繞口令，「這大元寶放在原保地真的變成元寶地啊！」，再次驗證法門神蹟！

【後記】

香積石圓滿安座後，隔天就遇到強烈颱風康芮來襲，暴風半徑三百二十公里壟罩全台，創一九九六年賀伯颱風後的最大強颱紀錄，十月三十一日全台放颱風假一天，颱風過後，住在瑞穗紅葉村的吳大哥去農地勘查現況，經過大叉路口時特地去看看香積石，並拍了照片發給我，我看到照片眼睛為之一亮，「這是同一顆石頭嗎？」，原來經過強颱風雨的洗禮之後脫胎換皮了，整顆石頭被徹底沖洗得乾乾淨淨，石頭質地原色顯露無遺，通體潔淨磚紅粉潤，和原先沾滿泥土灰頭土臉的樣子判若兩石。

二〇二四年十月二十九日香積石安座圓滿筆者留影（上），
十月三十一日強颱康芮過境洗禮後煥然一新的香積石（下）

見香積石煥然一新，我突然想起清晨睡醒前做了一個夢，夢見一隻小隻的，渾身雪白色、毛茸茸的，像是藏獒又像是獅子的超級可愛小短腿四腳獸，屁顛屁顛找奶喝似的朝我跑過來，跑到我面前我正想把牠抱起來時就醒了。我諮詢香一師姐這夢境是何涵義？是否與香積石有關連性？香一師姐回覆說：「師父所派之雪獒，護持香積人家園。」。哇塞！雪獒也！我可樂了，我最喜愛的獒犬！真希望能真的養一隻雪山獅子獒犬！或許等我退休移居到瑞穗時，可能就真的來養雪獒，而且還不止一隻喔！

香積園，緣起於打坐中感悟　清心師父頒旨買地，且賜與一座三角形的大石頭安置在土地上作記號，始有今日相應相生、虛實合一的香積園與香積石。雪獒!?嘿嘿……比照辦理。

2.5 因緣俱足法印石

香積石原本想要安座在香積園農地上，但因為種種因素無法成行，最後反而是未卜先知「始終如一」的安座在前往香積園的馬立雲路上大叉路口，恰如其幀位再適當不過。但安置好香積石之後，心裡就一直懸掛著另一顆石頭，在八月底花蓮功德行時 香積師父欽點的那個位置，要再找一顆合適的石頭來坐鎮。於是我請賣石頭的陳老闆再幫我找一顆幀位適中的石頭，有了前石大工程之鑑，基本要求就是可以一次到位直接載送到香積園農地上安置。

陳老闆先是發來了幾張巨石照片，看起來都是大片岩石剝落後自然消磨成形的，但我想要找的是單獨成形的石頭，最好是盤古開天闢地以來集天地日月精華乾坤正氣孕育結晶而生萬中無一的礦石，就像香積石一樣的質感，香積石已經安座就位了，這事也就不急於一時，我請陳老闆慢慢找再找找看。

隔沒幾天，二〇二四年十一月二十九日，陳老闆再發來幾顆石頭的照片，陳老闆還特地來電推薦咖啡色這一顆，說質地和前一顆香積石相同，都是大理石和石英石的共生礦，我乍看這一顆石頭的照片，橫躺的石頭看不出全貌，但是已達到單獨結晶體的基本要求，心中已經有了先入為主的好感。只是拍攝角度問題，石頭看起來像是橫躺的胖子，我請陳老闆把石頭立起來，不同角度多拍幾張照片，好讓我看清楚整體全貌質感。

是日下午，陳老闆特地再去石場，把這顆石頭稍微立起來斜靠在另一顆石頭上，並且刷洗了一下這顆石頭，再拍照及環繞石頭一圈錄影發給我看，我看了照片就有心動的感覺了，咖啡色的底色，頂部是白色石英石，看起來活像個灑滿糖霜的巧克力杯子蛋糕，但更像是山頭覆蓋靄靄白雪的一座雄偉大山。

我把這顆石頭的照片轉發給香豐師兄，問香豐師兄感覺如何，香豐師兄在照片中石頭一角畫了一個圈回傳給我回覆說：「這有一張臉」、「護法」，我一時還看不出來臉在哪兒？護法在哪兒？只是凝視著照片中的石頭，看著看著，人彷彿透過照片穿越到另一個時空中，走進了一座雄偉的雪山，雖然山頭覆蓋著白雪，但雪山中生機盎然，有一種難以言喻的熟悉的、溫暖的、似曾相似的、讓我心悸動的感覺……。

翌日清晨打坐時，腦袋裡又出現這顆石頭的畫面，漸漸感悟到石頭中的護法正是師父指派來的雪獒，「普巴⁉你個小短腿怎麼才幾天就長這麼大了⁉」，我已經給祂取名叫「普巴」，而這顆石頭像一座大雪山，裡頭有很多閉關修行的大小洞窟，其中一個山洞正是普巴的家，普巴守著家，也守著這整座山！打坐結束起身後，我立即詢問香一師姐這感悟是否正確？香一師姐的回覆令我驚訝到起雞皮疙瘩。

「石頭洞內乾坤大，有個閉關修行人，老虎藏獒是護法，多隻小獒伏石上，還有麋鹿伴其旁，香輝師兄過去世，如今因緣已俱足。」，香一師姐補充說「還有很多修行人」。想像著這一個構圖豐富的畫面，腦袋瓜裡頓時也覆蓋著白雪一片白，一時不知該如何回應香一師姐，「哇！敬謝香一師姐！這顆石頭是famybook了！」，故作輕鬆地先回應香一師姐。

「石頭洞內乾坤大」、「還有很多修行人」!?在靜坐中突然領悟，這顆石頭是一處既實還虛、虛實合一的無形閉關中心，有很多的修行人閉關清修中，包括我也在其中閉關至今，現在因緣俱足，該是要出關積極濟世渡眾生的時候到了，是否是這樣的涵義呢？突然覺得壓力來了。

既然決定就是這一顆非買不可的石頭，我回覆告知陳老闆確定買下這一顆石頭了，同時研究一下刻法印及刻字要刻在石頭的哪一面，我把照片及錄影反覆看了又看，更發現這顆石頭的殊勝奇特。從正面看，石頭上半部表面是白色石英石，遠看像是覆蓋靄靄白雪的雪山山頭，且因雪山勝境人跡罕至所以雪地非常平整。石頭的背面隆起一個四方形體，配上底下的咖啡色帶金黃的紋路，遠看好像是一個金剛力士右肩扛著一個寶函[15]。這顆石頭有奇妙的礦石結晶體組合，是大自然鬼斧神工之作，也是冥冥中安排歸屬德配其位的香積法門鎮園之石。

經過與刻字師傅反覆研討最佳鐫刻法印及香積二字的位置，最後決定在正面雪山峰面鐫刻法印，雪山下側邊山壁較大平整面刻「香積」二字，我特別請刻字師傅儘可能保留原來的石頭皮殼不要打磨，直接以剔地陽刻方式鐫刻法印，原來的皮殼近似皮膚皺褶的真實感，恰恰可以呈現出雙手的立體感。二〇二四年十二月十六日吉日開始雕刻，翌日上漆完成，成品的視覺效果渾然天成令人驚艷，而我還沒親眼看到法印石，都是陳老闆以手機發送照片、錄影給我看，看對眼感覺對了，經香豐師兄確認，再經香一師姐請示　香積師父確認後，就敲定成交了，誠應驗「念到法就到」，本人不用到，哈哈！其實，應該說是　香積師父早已安排好這一切機遇過程，就考驗弟子的信根是否堅定，信根足，才有進一步促成因緣俱足功德圓滿的機會。

諸多原因綜合考量下，法印石雖然不是安置在功德行時　香積師父欽點的位置點上，但

15 參閱網搜《國語大辭典》中詞語「寶函」，意思是裝盛佛經典冊及貴重首飾的匣子。二〇二四年十二月二十二日功德行後分享會，香音師姐說那是一個精密的魯班鎖，待因緣俱足開鎖開門開庫後，裡面是一部「天書」。

也是回到原點安置在啟動天機儀的重要位置，「無形石無形中運作，有形石應有形眾生。」如香一師姐言，有形無形，虛實相應。更奇妙的是，這顆法印石的幾個面向各安方位恰到好處，原先燒腦半天要以「香積」二字為主，還是以「法印」為主，哪一面要面向北方的江布南山（背倚虎頭山）？經諮詢香一師姐確認後，決定還是以香積二字面向江布南山，恰好要進入香積園的農路上遠遠可見香積二字。當香積二字面向江布南山時，法印自然面向舞鶴山，走進香積園後站在農路旁才得以見到香積法印。而四方形的天書寶函在法印正背後，從農路上是不容易看見的，這法印石的三面角度方位就是天造地設的這麼剛好。

二〇二四年十二月二十八日，這一天是香積法門大喜之日，「香積法門辦事處」在香殊師兄、香音師姐賢伉儷家正式成立，為香積法門進一步設立宗教法人作準備。同一天，「法印石」在香積園安座，前一日清晨打坐時，稟報　香積師父我準備了十樣師兄姐分享提供安座用的有形及無形寶物，問師父是否還有其他物件要一起壓寶？腦袋中竟然浮現出這件幾乎已經被遺忘的經卷，這是二十多年前在北京逛潘家園舊貨市場時，在一個賣西藏文物的攤位，看到一個塑膠袋裡裝著大小十多個舊經卷，老闆說是從老舊壞掉的轉經輪及佛像裝藏裡淘出來留下的，當時覺得是頗有歷史的珍貴經卷，不知隨著轉經輪被虔誠的轉經者持咒誦經轉了多少回了，一念間就一塑膠袋全部買下，帶回家就和貝葉經一起放在錦盒裡鮮少翻動，已經都快遺忘了。曾經拿給我密宗上師祖古澈桑仁波切看，還能辨識出名稱的經卷就隨手備註記下，這一經卷的保護袋上註記寫著「打雷經書可不被打」，猶記得祖古澈桑仁波切師父說這經卷是放在寺廟屋頂正中央，「雷打來時也會閃開」，聯想到那這經卷不就正適合放在「天機儀」裡面!?就一起帶去香積園伏藏在法印石下，古物今用虛實相應，再見證香積法門的神蹟！

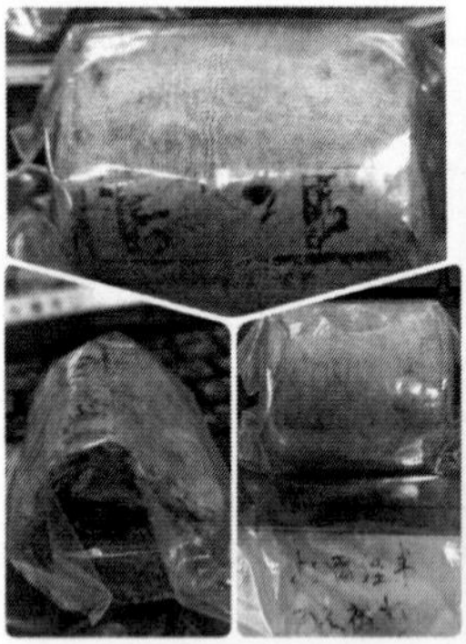

雷打來時也會閃開的舊經卷（左）
香積與法印各自面向江布南山與舞鶴山（右）

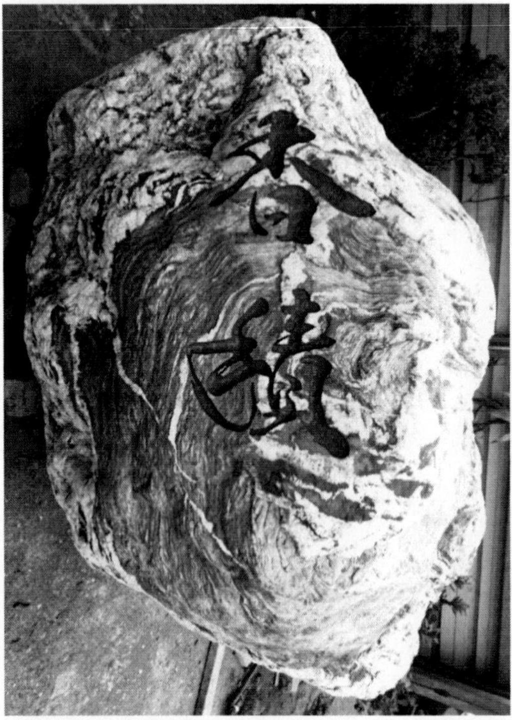

法印石完工照片呈現出一個人頭側臉。

第三章　香積園

到花蓮瑞穗買地，既是為退休後回歸田野過晴耕雨讀生活預做準備，是我種樹種花的「香積苗場」，也將作為香積法門的無形道場「香積園」，是香積弟子的靈性家園所在。三筆土地買賣都已經簽約過戶登記完成，買地的前後過程處處神蹟太多故事了，若不是一路上有神蹟指引，與多位師姐師兄的協助驗證，我是萬不可能跑到瑞穗看地買地的，故事情節劇情發展將大不相同。如今回想過程中的點點滴滴串聯起來，更像是冥冥中早已注定如此的劇本，且迄今仍是現在進行式持續進行中，而過程中所遇所見的一切，都是我樂於記錄與分享的題材。

3.1 暗藏玄機功德行

二〇二四元旦連續假期，安排了花蓮台東的功德行行程，離開北回歸線標誌公園要南下往台東，我開錯方向往北開，發現開錯方向後想找個路口迴轉，剛好開到要轉進瑞穗牧場的這路口，不料車頭一左轉看見路口站了個交警，不確定能否迴轉之下，只好先左轉直行開進一個涵洞，開出洞口驚見豁然開朗的視野，所以對這個涵洞印象深刻。農曆年假後三月份來瑞穗看地，又再次舊地重遊經過這個涵洞，所以才會讓我心裡暗暗一驚～「這麼巧!?」，原來元旦功德行時已經結下一面之緣！

二〇二四年八月三十一日再次花蓮功德行，瑞穗香積園的土地已經都過戶完成，這天花蓮功德行最後一站來到瑞穗香積園，這也是香積園土地過戶完成後首次功德行到此一遊，看到師姐師兄一行人到來，香能師姐還特地請示　香積師父，且經香一師姐驗證確認後，特地帶來好幾盆魚腥草及穿心蓮苗栽，要種植在香積園的土地上，恰巧香積園農地有一區含水量高，特別適合魚腥草及穿心蓮生長繁衍，準備在香積園裡大量種植，香積法門自此有了屬於自己的一方天地，意義非凡！

二〇二四年八月三十一日晚為　香積師父祝壽慶生（左）
花蓮功德行師兄姐一同走在香積園的田埂上（右）

種好魚腥草及穿心蓮，時間已近傍晚，太陽從舞鶴山落下前，一道陽光照射在香積園，恰巧被香若師姐捕捉拍到那道金光乍現的一瞬間，像是為香積園福地天成的自然美景打上聚光燈，也是大日如來師父為香積園首次功德行的加持與祝福！

這次花蓮功德行日期恰巧在　香積如來師父壽誕九月二日（農曆七月三十日）前，大多數的師兄姐都還不知道　香積師父的壽誕生日，恰好藉這次功德行夜宿花蓮時，為師父辦了一個小小的慶生會，香喜、香慧師姐先後為師父獻舞，師兄姐們為師父合唱生日快樂歌，但感覺意猶未盡，下回為師父祝壽慶生時要事先好好規畫籌備一下才行。

這回的花蓮功德行還有一段趣事，因為功德行兩天一夜的行程，住宿地點都必須提前預訂，而這回花蓮功德行因為花蓮地震頻繁，影響蘇花公路的安全性考量下，所以　香積師父指示這回不開車，大家搭火車前往花蓮會合，到花蓮再租車行動。因恰逢是週六、週日兩天，在預訂火車票時就詢問是否要一併預訂回程車票，經請示師父說「不用」。

結果到了功德行當天夜宿花蓮時，大家都還沒有隔天週日的回程車票，晚餐後進行分享會時，有師姐查詢台鐵訂票系統都沒有從花蓮北返、南下的火車票，於是一邊進行分享會，一邊繼續嘗試訂票，幾位師姐八仙過海各顯神通透過各種方法去訂票，包括兩段式轉車接駁，或者只好搭較晚時間的火車。稍晚，可能是原本訂位者臨時取消訂位，突然就陸續有座位釋出可以訂到火車票了，確認訂位後又忙著把原先的訂位取消，總歸最後都有訂到理想的回程時間火車票了。

隔日中午用餐後結束功德行行程，師兄姐各自還車後就到花蓮火車站搭火車，結果上車後有意外的驚喜，前一晚七手八腳很緊張的訂票、換票、退票一陣忙亂，現在怎麼大家全都湊在同一車廂前後座位了，這預先訂票也湊不在一起的座位，難怪師父先知指示不用預訂回程車票，因為預訂也訂不到這樣的團體票，為這次功德行留下完美的註腳。

日落舞鶴山的一道金光乍現照射在香積園（上）
南下北上的師兄姐臨時買票全在同一車廂（下）

3.2 玉土字六六六六

「敬稟香一師姐：剛剛花蓮的仲介林經理發來消息，說我買下的農地隔壁鄰地也要出售，面積三百一十七點三坪，六十萬可成交，這塊地就是我第一次去瑞穗看地時，老黑趴在水池旁樹下的那塊地。我剛剛打坐時問師父是否可以買下，點頭耶！敬問香一師姐：是否如是？」，「明天原本就訂好早班火車票去瑞穗，要丈量及規劃申請農地整地手續需要的資料。如果確實可行，明天去就可以順便簽約了！」，香一師姐回了一個比「讚」的貼圖給我，原來我原本訂好這天去瑞穗要去鄉公所申請整地及現場丈量，實則冥冥之中的安排，是要去簽約加碼再買下隔壁的土地。

「敬稟香一師姐：我要從花蓮回台北了，已經正式出價六十萬委託斡旋，是同一個地主，應該很有機會成交。今天要來瑞穗，清晨三點多醒來就睡不著了，只好乖乖去佛堂打坐，打坐時感悟到：一、腦海裡有個畫面，有五、六隻大小黑麒麟，感應是老黑family一家子都在今天下斡旋要購買的土地上。二、接著雙手快速甩動，然後高舉在半空中，受領一個好大的金元寶，是　香積師父賜與的。敬問香一師姐：這感應是正確的嗎？」，香一師姐回了一個「超級棒」的貼圖給我。

坐在北上的自強號火車裡，看著花蓮東海岸開闊壯麗的風景，心裡莫名的感動與欣慰，心裡想著， 香積師父賜予我大金元寶，是要讓我去買地的嗎？以現在國際金價計，那可以買很多地耶，若一切因緣俱足，弟子香輝我可是很樂意去把舞鶴山山腳下的那整片綠野都買下來，可以的話連舞鶴山也買了！有夢最美，又一次心靈的豐富之旅！

自瑞穗買地後首次在香豐師兄家的分享會，我分享了瑞穗買地的最新進展，除了前兩筆土地已經完成過戶登記，土地權狀已經核發下來，這個月五月二十四日要去花蓮領取土地權狀外，還要再簽約買下相鄰的第三筆農地。香豐師兄回應我說，他已經看到無形的權狀已經先核發下來了，要能夠順利買成這些土地，都必須先通過 香積師父及無形界各方的應允才能成事。香豐師兄所言我是深信不疑，因為從我買地前後經歷過程，若非有師父善巧安排的種種徵兆指引，以及師姐師兄的協助驗證，我是萬萬不可能專程跑去花蓮瑞穗看地買地的，這完全不在我原本的人生規劃裡。

我接著介紹說這第三筆地，正是第一次去看地時，有個長滿水生植物的活泉水池，老黑趴在水池旁樹底下小土丘納涼望春風的那塊地，香豐師兄及香音師姐說那個水池裡有很多寶物，香豐師兄看到有一顆很大顆的珠，有籃球般大，水藍色，叫「淨水珠」，旁邊還有很多大大小小的珠子，有淨化當地水質的功能，香豐師兄說這個池子的水質很好，可以取水體樣本去化驗看看。

前兩筆地在二月二十九日買賣價格談定成交，三月六日正式簽定土地買賣合約，豈料四月三日早晨就發生7.2級地震，是繼一九九九年發生7.3級的「九二一」大地震後震度最高的地震，之後一個半月內大小餘震超過一千四百次，若是在我簽約之前就發生地震，這故事情節發展可能大不相同。分享會中我提問，突如其來跑去花蓮瑞穗買地的原因，是否為了鎮守在花蓮，讓地震頻繁的台灣減少地震發生，若是共業難逃大自然力不可逆，萬一真有大地震發生時，也可以盡可能把災害影響減輕到最低程度。香豐師兄回應說，除此之外，還有昭告十方法界「香積在此」的用意，香音師姐說她看到整個大地震動，地層發出「蹬、蹬、蹬、蹬」的聲響，既夯實了斷層土地，也如香豐師兄所說，等香積石立起來之日，就是香積法門要開始啟動之時！

第三筆地很順利的談定成交，於六月十九日完成簽約，簽約時才知道這筆地是四位姐妹共同繼承共同持有，但因為四姐妹都已經嫁人分居各地，這塊地無人耕作使用，所以決定出售轉讓給有緣人，看來我就是那個頭圓臉圓肚子圓的「有圓人」，就這麼因緣俱足地讓我一併買下了。簽約完成從花蓮北返，在火車上突來一個念頭，感謝地主四姐妹把繼承的祖上土地賣給我，可能是剛好我與地主同姓才有此機緣吧，也算是交棒給林氏家族後人，冥冥之中最好的安排。

兩日後，清晨打坐時就感應到地主的先人前來，感悟了幾件事情：一、清早靜坐時，感應地主的先人前來，除了要我告訴地主她們「做得好！」之外，還帶了米酒山產等物來恭賀慶祝開party！此時，家裡佛堂神桌又發出「蹦蹦」兩聲[16]，想必是我們家神佛的回應，一起去聯誼參加同樂會了！二、土地會賣給我的原因，除了我是香積法門門人之外，我前世某一世正是這土地的主人，幾世輪迴今生投胎轉世再買回自己前世所有地，地歸原主。三、一直感悟看到那土地上有一個黑色長方形物體，旁邊還有個黝黑矮瘦的人，再感悟那人是外星人，已動念渡祂回外太空回家去了，那外星人離去前特地前來向我道謝及告別，還告訴我他住的星球星系名稱及座標位置，歡迎我去他的家鄉星球找他，說完化作一道光束直射外太空去。我才打坐完睜開眼，就忘了祂剛剛說啥星球星系啥座標來著？而那黑色長方形物是在那農地的大水池底的一個伏藏物，感覺是待人取出安地理用，但一時悟不出來裡面究竟是啥寶貝。

經向香一師姐諮詢以上感悟，師姐回覆說：「人之所以不斷的輪迴轉世，總是有他的未

16 筆者家中佛堂的木製神桌，經常會有「蹦蹦」的聲響發出，就像是有人踩踏其上或是刻意去敲打發出的聲音，像是有仙佛進出或是有事提醒要讓我知道似的，剛開始聽到這聲響時很驚訝，久了就習慣了。

竟之願未圓，有些也只是剛好因緣湊巧，至於大水池中是何寶貝？因緣俱足您自知。」[17]，師姐同時也分享　香積師父給香宇師兄的一則開示，這則開示似乎也是在回應我的提問。

「香積如來師開示：
走過路過　感應伏藏
主動被動　看圖感應
因緣際會　幾時得寶
任意門來　穿越時空
主動求法　歸藏秘藏
法寶神器　全無所藏
助眾弟子　宜利蒼生」

師父的這則開示提點心法如醍醐灌頂，不論是功德行或是日常生活中，多留心走過路過所看到感應到的伏藏訊息，不論主動感應到或是被動被提點，都要用心去感應。這些法寶神

17 筆者自己初步感應只知這是來自外太空的物質，與安地理有關，後來在分享會中經香豐師兄告知此物類似「能量棒」，至於如何使用，日後機緣成熟派上用場便知。

器歸藏秘藏在太虛之中，但只要弟子發心主動求法，也就會自然顯化出來全無所藏，而因弟子個人因緣際會幾時俱足自會得寶，且透過任意門來回穿越時空無遠弗屆無處不取，都是為了幫助眾弟子宜利蒼生之用，這正是　香積師父指導弟子學習領悟殊勝大法的心法。

這天晚上，我就把早上感應到地主祖先要我傳話的訊息告知仲介張大姐，請張大姐幫我轉達給地主林大姐，張大姐很快就回應我，「哇！祖先有靈及託付是托林先生的福德，剛好明天我要去林大姐家拿土地所有權狀，這件事我一定佈達的，謝謝林先生，我想有福報之人，才有緣與福地共鳴，謝謝你。」。後來張大姐告訴我說，地主林大姐感謝我傳達她們祖先的訊息給她們知道，她們姐妹很高興能聽到祖先回應的訊息，也釋懷了。

這第三筆地很順利的完成現場鑑界、過戶登記程序，「香積園」、「香積苗場」的園地雛型底定。二〇二四年八月十二日這天代書去領取土地權狀後先拍照發給我看，我一看到這權狀上的字號不得不再一次讚嘆，「１１３玉土字第００６６６號」，這若是去監理站競標的車牌號碼，可能要花費鉅資才能搶標購得，大概也只有香積法門師父欽點的「香積園」寶地，權狀號碼才會隨機速配得如此這般英明神武吧！日後若有機緣買其他鄰地，不知道權狀號碼會不會剛好是００７７７、００８８８、００９９９？哈！

「香積苗場」，是我晴耕雨讀種樹種花的苗圃[18]，也是香積法門弘法利生的「香積園」，今日撒下一把種子，期待日後的一座森林。

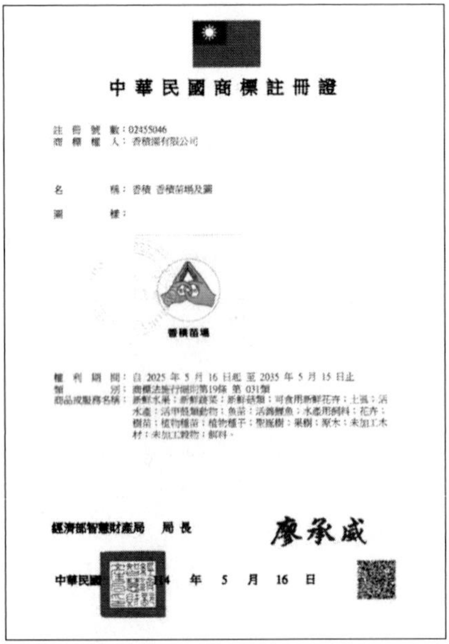

中華民國商標註冊證

註冊號數：02455046
商標權人：香積園有限公司

名稱：香積 香積苗場及圖

圖樣：

香積苗場

權利期間：自 2025 年 5 月 16 日起 至 2035 年 5 月 15 日止
類別：商標法施行細則第19條 第 031類
商品或服務名稱：新鮮水果；新鮮蔬菜；新鮮菇類；可食用新鮮花卉；土瓜；活水產；活甲殼類動物；魚苗；活海鮮魚；水產用飼料；花卉；樹苗；植物種苗；植物種子；聖誕樹；果樹；原木；未加工木材；未加工穀物；飼料。

經濟部智慧財產局　局長　廖承威

中華民國 114 年 5 月 16 日

香積苗場商標註冊證書

香積苗場

18 「香積苗場及香積法印圖」於二〇二五年三月二十四日已通過核准審定取得第31類商標權。

3.3 大麒麟王是老黑

已排定二〇二四年八月三十一日花蓮功德行，行程中有一站就是要到瑞穗香積園，日期漸近時，許多感應相繼出現。二〇二四年八月十九日清晨打坐感悟，「香一師姐早安！突然感應瑞穗香積園這水塘現在要開庫，不等到月底功德行？」，「再詢問開庫是否有何特殊目的，感應是有一隻很巨大的麒麟要釋放出來，這感應是否正確？謝謝香一師姐！」，香一師姐回覆：「等到月底師兄姐一起來，讓其他同行見證學習。」。

「香一師姐早安！敬稟香一師姐：從昨天感應到瑞穗香積園水塘開庫大麒麟出現，腦袋裡就一直有大麒麟的身影，我問大麒麟是否有什麼事情或任務，感應是沒有什麼特別事，只是熱切期盼著香積法門師兄姐功德行到來！接著又感應大麒麟也要來給　香積師父祝壽！敬問香一師姐：香輝感應是否正確？是否有遺漏疏忽了什麼事情？敬謝香一師姐！」，「腦袋裡的畫面，那隻大麒麟王真的很大隻耶，比大象還大隻，而且還可以變大變小任意縮放！是否香輝想像力太豐富了？」。

「今早打坐時，又感應到那隻大麒麟，腦袋裡出現的畫面是大麒麟送來一顆車輪般大顆的黑麒麟珠，深咖啡色茶晶般質感，有著一樣顏色的火燄，要送給　香積師父祝壽的！敬問香一師姐：這感應是否正確？」，香一師姐回了一個「太讚了」貼圖給我，感覺這隻大麒麟很有心。還好有香一師姐回覆驗證，不然我都不免要懷疑自己有妄想症，出現幻覺、幻想，怎麼腦袋裡天天出現那隻大麒麟!?

回想前後過程串連起來，從一開始都還沒去到瑞穗看地之前，打坐時就先感應到出現「麒麟旗」，讓老黑先一步去獻旗交際做公關；第一次去看地之後，老黑就氣定神閒地盤踞在這個水塘邊樹下土丘上望春風；洽談第三筆地時，出現老黑family大小隻麒麟一家子都來了，現在大麒麟王現身登場。先後感應到這地理是個「麒麟穴」，前兩筆地簽訂合約在「麒麟日」，而促成這香積園麒麟地買賣圓滿的推手是「鳳凰」，後來因緣俱足也成為法門弟子——香鳳師姐。原來從一開始即處處有徵兆，還好我心臟大顆眼明手快，走過路過手機划過都沒有錯過！

這週末就要去花蓮功德行了，這幾天我一直感應到瑞穗香積園那邊好像在張燈結綵熱鬧滾滾，許多眾生包括當地原住民祖靈都在籌備慶典似的，等待這月底功德行香積門人的到來，同時也要為　香積師父慶生，我都可以感受到那股喜悅、歡樂、熱情與莫名興奮的情緒，莫名的自嗨，不知在嗨啥⁉那感覺就像小時候除夕夜時巴望著天快亮，農曆過新年的那種期待又雀躍的心情。我問香一師姐是否我又念想由來幻自己想太多？香一師姐回覆說「信受即是」。唯信唯受，信受奉行，月底功德行便知分曉。

二〇二四年八月二十九日，清晨三點準點醒來，又是這殊勝時辰醒來想必有事，就乖乖去客廳佛堂打坐，腦子裡馬上出現瑞穗香積園水草豐盛的景物及大麒麟身影，我恭賀大麒麟適得其所，也和大麒麟哈拉閒聊起來，我問大麒麟犯了啥事為何會被禁足在這裡？孫悟空被關押在五指山五百年，老哥您在這舞鶴山下被關禁閉多久了？您和咱家老黑認識嗎？……，大麒麟沉默無語沒有回應，我識趣的自己圓場，「也罷，過去的糟心事就不提了，當我沒問。」，但接著就勁爆了。

我問大麒麟和咱家老黑認識嗎，要不然老黑扛旗子幫您打頭陣，一家老小都跑來聲援捧場，可以想見你們關係一定非比尋常！大麒麟笑而不答，笑得詭譎欲言又止。我追問大麒麟，您是老黑的祖先？老闆？師父？Anigi？兄弟？老相好？……，我還在猜想究竟是何關係，腦子裡突然閃過一個念頭，「不會吧⁉」，我感悟這大麒麟就是老黑！老黑就是大麒麟！老黑是大麒麟的一個分靈、分身！大麒麟正是老黑的元神、本尊！在淡水行忠堂的八寶洞和老黑結識拜把，就是為了這一天！

我驚訝地一時語塞不知如何應對，回過神來才頓悟，難怪大麒麟除了size比較巨大外，長相紋飾和老黑一模一樣！難怪大麒麟要送給　香積師父祝壽的那顆麒麟珠，就和我靜坐中領受持以和老黑相見歡的那顆麒麟珠一模一樣，只是M號變成XXL號！再究竟原由，那麼大麒麟老黑和我又是啥關係？腦海裡漸漸浮現的畫面，時空回溯到一千五百多年前魏晉南北朝時代，南朝梁武帝時期的儒將白馬將軍陳慶之，大麒麟正是跟隨白馬將軍征戰沙場出生入死的那匹白馬！戰友臨終彌留之際相約，來世有緣再相逢，黑麒麟珠為信物。

隔世重逢遇見老戰友，難以言喻的喜悅欣慰與感慨，「是你⁉哇靠！你前世是白馬，現在怎麼一身黑啊⁉」，大麒麟回說：「我遊走江湖黑白兩道，可黑可白，麟甲只是投射反映當今世道的顏色，哥您再看仔細點，藏青寶藍打底，消光繽紛七彩，隨光線幻化顏色，吾非墨黑也！」。老戰友雖然變得像是噴了消光漆的變色龍，但難得仍守得初心，這年頭雖然沒有騎馬打仗的活兒，但是在香積法門裡有弘法利生的大業待辦，期待和老戰友再度並肩作戰幹一番大事！

【後記】

二〇二五年二月二十一日凌晨，趕稿寫好了公司的監事意見書，可能是為了提神趕稿濃茶喝多了竟無睡意，再翻出書稿校對內容，福至心靈的突來靈感，寫好了封底的菱形短文，本書初稿完成，預計白天就發給出版社。但仍無睡意下，只好先在佛堂打坐，坐到腰痠腿麻了才回房上床躺平，是時已經凌晨兩點，但意識仍然很清醒，我閉上眼睛，卻看到深寶藍色夜空中的滿天星斗，就躺在床上看星星找星座。

漸漸地似睡非睡，好像靈魂出竅般，來到一處大莊園，雪白色系的圍牆及建築物，我不加思索直接翻牆而入，圍牆內外有長相奇特類似TOTORO龍貓的「生物」見我翻牆而入，便竊竊私語發出窸窸窣窣的聲音，意思大概是說「啊！他怎麼跑進去了!?」、「裡面有可怕的怪獸！」、「那怪獸很大很兇耶！」、「老大會不高興的！」、「他慘了他！」……，說得有形有影有聲有色，究竟是啥大怪獸，我倒是很想會會，看是誰怕誰了！

翻進莊園走到一個建物長廊下，不久便感應到有龐然大物快速接近衝著我來，我循聲望去，透過長廊的拱形窗，只看到大怪物長滿鱗片的腳，「啥怪物？這麼大隻！」心裡確實一驚。我移形換影很快地跳出長廊外，準備正面迎戰這隻大怪物，待我看清楚這大怪物時更是大吃一驚~「麒麟!?」，是一隻威武巨大的大麒麟，深寶藍消光近乎黑色的鱗甲，還有鮮綠色的鑲邊，金黃的火焰收斂了起來，儀態從容莊嚴美麗的一隻巨大麒麟。但看這大麒麟面容和善，眼神溫順似曾相識，像是認識我打招呼來的，反倒不像是來找碴打架的。

「老黑？你是老黑⁉」，我從那像是噴了消光漆似的深寶藍色鱗甲辨識，突然感覺眼前這大麒麟就是老黑，將信將疑之際，大麒麟慢慢低下頭來到我面前，我感受到一股難以言喻的溫煦暖流，就像是磁石相吸般，我很自然的也把頭湊上去和老黑頭碰頭，雙手撫摸探觸著老黑的大頭，那一瞬間的交流感應參雜著太多的複雜情愫，他鄉遇故知，隔世重逢時，同是江湖輪迴客，心有靈兮何需言，難以筆墨形容的奇妙感受！

我開心興奮地清醒了過來，睜開眼老黑不見了，才與老黑相見歡的觸覺感受太清晰深刻，虛實相應，虛虛實實，但何者是虛？何者是實？

3.4 南北斗君候田間

承前述，會突如其來跑到花蓮瑞穗買地，是為了鎮守在花蓮，讓地震頻繁的台灣減少地震發生，若共業難逃，大自然力不可逆，萬一真的發生大地震時，至少可以盡可能降低災害影響。而且，不止是法門裡資深師姐師兄有此預言，幾乎全球知名的預言家都預言太平洋西岸會有災難性的大地震[19]，台灣、日本首當其衝避無可避，只是預言發生的時間點早晚有別，有說二〇二四年底前，有說在二〇二五年夏季，甚至明確預言日期在七月五日。也因此，香積園的土地過戶完成後，仍然感覺還有任務未了，感覺香積園設立完成只是準備工作，似乎任務才要開始而已。

[19] 印度神童阿南德預言二〇二五年八月台灣會有大災難，台灣有靈媒命理師見大地震亡靈現身而預言大地震災難將發生；台灣地質專家說台灣全島現有36條活斷層，大屯山底岩漿離噴發口只有8公里是活火山，預估二〇二五年前後將發生8級以上海溝型地震；日本漫畫家竜樹諒預知夢見海嘯，預言二〇二五年七月五日因海底火山爆發引起地震與海嘯。恰巧二〇二四年八月八日日本九州宮崎縣發生7.1級地震，二〇二四年十二月十日美國北加州外海發生7.0級地震，二〇二四年十二月十七日南太平洋島國萬那杜發生7.3級地震，二〇二五年一月七日西藏日喀則發生6.8級地震，二〇二五年一月十三日日本九州外海發生6.9級地震，二〇二五年一月二十一日台灣嘉義大埔鄉發生6.4級地震，二〇二五年三月二十八日緬甸發生8.2級地震，大地震浩劫預言甚囂塵上。

花蓮功德行後不久，二〇二四年九月四日，香豐師兄在法門群組裡上傳了一段YouTube影片，影片畫面是含有北斗七星及南斗六星星象的星海宇宙，字幕寫著「眾人只知道北斗七星，卻很少有人知道南斗六星。」、「它的地位在古人的信仰中絲毫不亞於北斗七星」、「古代被喻為『南斗主生北斗主死』，分別掌管生和死的神聖職責。」，看到香豐師兄發出的這段影片，讓我直覺聯想有什麼特別用意嗎？是否暗藏什麼隱喻或目的？

恰巧，這段時間為了尋找香積園裡哪個位置地點最適合安置香積石，煞費心思的把地籍圖及界樁位置圖反覆看了又看，對土地上的各處地形、地質、面積及界樁位置已經了然於胸，看了香豐師兄發來的影片後，突然覺得似曾相似、若有所悟，我把北斗七星及南斗六星的星象圖套繪到地籍圖、界樁位置圖上，意外的發現竟然極其雷同近似的吻合，在瑞穗香積園的地界界樁上恰巧可以連結呈現出北斗七星及南斗六星，而且南北斗星的勺口還重疊！有這麼巧合的事⁉這也太巧合了吧⁉這驚人的發現，只是純粹巧合很近似，還是另有要務待辦？趕緊諮詢求教香一師姐。

「敬稟師兄：不是巧合！但其中緣故，師父未說。」，香一師姐的簡短回覆令我震驚的頭皮發麻，不是巧合，那就是故意的囉！但其中緣故用意又是啥？師父未說就是要弟子自己去領悟參透的意思。「南斗主生北斗主死」的南北斗星都出現了，肯定不會是芝麻綠豆的小事，心裡直打鼓了。「敬謝香一師姐回覆告知！買瑞穗農地前後過程殊勝徵兆不斷，但唯獨這界樁隱藏北斗七星、南斗六星讓我起雞皮疙瘩，若非巧合，香輝就繼續來參研學習，看能否領悟出個中玄機。謝謝師姐！」，我如是回應香一師姐。

二〇二四年九月五日，清晨打坐時突然頓悟，感悟　太上師父提點，動用主宰生死的南北斗星合一，而且老早已經隱身伏藏在瑞穗田間，目的就是等待因緣俱足的時刻，等待香積門人前來安地理填地理，為了降低預期無可避免的大地震所造成的傷亡災害。在打坐感悟中再問　太上師父，要如何運用南北斗星來填地理安地理發揮功效，感應必須先將南北斗星分開各安其位，安置在適當的地方。且因為過兩天要去日本東京，打坐中接著感悟到去日本時，要去富士山借用更多的「火山琉璃珠」，拿回來台灣填地理，打坐時神桌又發出「蹦蹦」聲響，感悟是　太上師父前來回應，嗣後經香一師姐驗證回覆：「道法自然，念到即有功。」。

在花蓮功德行時曾詢問香豐師兄，八級以上的大地震若無可避免，時間會在何時發生？「很快！」豐師兄如是說。因此，我對感悟到要將南北斗星分開各安其位以減輕地震災情一事，念茲在茲，非可兒戲！只是不知感悟到有這樣的重責大任，是否是我自己要獨力完成的考驗功課，若是，我當義不容辭；但若是需要法門同行一起齊心協力共同完成的任務，我豈能僭越獨行。於是再諮詢香一師姐，師姐很快回覆道：「師父說：師兄可獨立完成！」，師父又給我出考題了，我這下是丈二金剛摸腦袋，「HOW？」。

二〇二四年九月六日（五），一早出門上班開車途中，思索著要如何才能將南北斗星分開各安其位，恐非借洪荒之力無以為之，突然看見前方晴朗天空中有唯一的一朵雲，形狀就像是地籍圖中斗星所在包圍的那塊地形，領悟到線索應該就在其中，漸漸就聯想到如下附圖及文。待香積石立起來之後，南北斗星就會自動分開，沿著香積石轉換位置到南北兩側各安其方位。若感悟正確，那麼安置香積石的位置又回到原定地點？還是無形的香積石立在原定地點圓環中央，有形的香積石立在香積園功德行時師父欽點指示的地點？抑或是互易反過來安置？於是再諮詢香一師姐，「無形石無形中運作，有形石應有形眾生。」師姐如是說，似懂非懂，似悟非悟，留下一個謎團。

前方高能出現提示，空中雲朵與香積園南北斗星位置形狀雷同吻合。

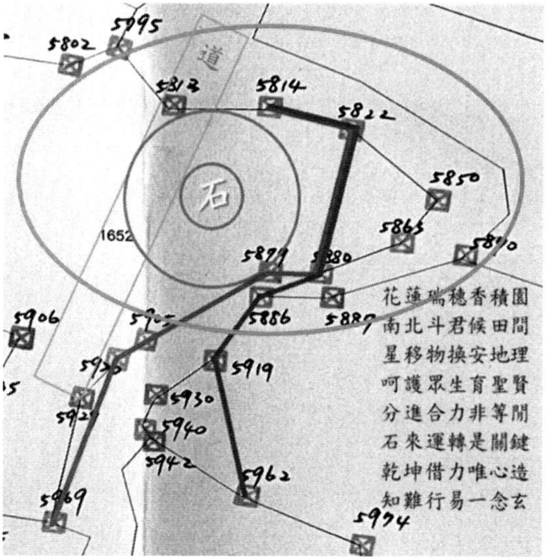

花蓮瑞穗香積園南北斗君候田間

花蓮瑞穗香積園
南北斗君候田間
星移物換安地理
呵護眾生育聖賢
分進合力非等閒
石來運轉是關鍵
乾坤借力唯心造
知難行易一念玄

3.5 石來運轉天機儀

二〇二四年九月七日，這一天全家人要前往日本東京旅遊，才剛登機就感悟到，今日要先前往日本富士山下河口湖，有寶物必須由我及內人香珪師姐一起齊心聯手發力才能取出，除了開庫取寶之外，還要請「水靈仙子」惠賜「水靈子」，帶回花蓮瑞穗香積園放在池塘裡，就可以自己生產出可以用來填補地理的寶石，這就是我和香珪師姐此行前往日本的任務！經諮詢香一師姐驗證確認無誤。

二〇二四年九月八日，抵達日本翌日，大清早起來打坐感悟：

「山川異域　日月同天
移山填海　轉化地變
富士玉山　南北斗星
分進合力　呵護眾生」

蝦米啊!?去日本不只是挖寶珠而已，還要移山填海？而且需要台日合作，乾坤大挪移搬移富士山及玉山，一起去填西太平洋海溝斷層才夠力！南北斗星、移山填海，怎麼越弄越大了!?而需要我和香珪師姐一起去日本的原因，是因為香珪與富士山有因緣，而全家這一趟日本旅遊行程含住宿旅館，是早在今年初就已經安排預訂好了，幾乎就是瑞穗香積園土地正在洽購過程的同時。經詢問香一師姐，師姐回覆了一個「超讚！」的貼圖給我。

在日本東京這幾天住宿的飯店就在上野公園旁，上野公園裡有東照寺、寬永寺、清水觀音堂等歷史悠久的寺廟及神社，其中有一處離我住宿飯店最近的古蹟，「不忍池辯天堂」，八角形的寺廟建築，廟內供奉弁（辯）財天、幸運女神以及智慧之神，是許願求智慧考取功名者參拜的熱門地點。這座寺廟特殊之處，除了八角形的寺廟建築外，寺廟外有一個青銅雕塑的琵琶，我一看到就心領神會的收下法寶了，四大天王中東方持國天王手中的法器。

此外，還有一件很罕見的器物，在八角形的寺廟頂端，夜裡散發出金黃色的光芒，沒見過這樣造型的器物，但直覺就是一件法器寶物，經諮詢香音師姐，師姐請示　香積師父說「先收下」，就先動念收下這件法器寶物。隔日一大早我特地再去上野公園，大白天再仔細看看廟頂上的這件器物，腦袋裡浮現出「天機儀」名稱，可以加速南北斗星分開各安其位的神器，經香一師姐驗證無誤。事後發現，北斗七星自斗口起第三顆星為「天璣星」，南斗六星自斗口起第三顆星為「天機星」，與這「天機儀」之間是否有特殊的關聯性？耐人尋味。

香積法門弟子人到哪裡，弘法利生的任務就到哪裡，到日本旅遊這幾天也沒中斷，所到之處就當作是功德行，動念淨化、渡眾生，多處感應到要開門、開庫、取寶的地方，拍照發送詢問香一師姐、香音師姐、香豐師兄確認後，就上傳法門群組請諸同行一起參與。也因此，接收到天地之間神靈眾生的回饋反應，也是很真實且即時的，盤點此行收穫滿滿，水靈子、富士山石、火山琉璃寶塔、御靈石、龍龜、琵琶、天機儀，還有所到各神社的法財資糧，最奇妙的是連卡通神奇寶貝寶可夢家族的皮卡丘、伊布都出現了，有維妙維肖的照片為證。

二〇二四年九月十四日自日本裝滿行囊回

富士山上空騎聖獸諦聽的地藏菩薩（右）與火山琉璃寶塔（左）

台灣後，已預定好九月二十日前往花蓮瑞穗香積園覆命，包括將日本帶回來的富士山火成岩、日石、月石安地理用，但在去之前就不淡定了。九月十九日凌晨兩點四十分醒來，醒來就睡不著，賴床到五點起來打坐，打坐中感悟在處理瑞穗香積園的事情，感悟是已經開始在運作執行什麼工作，但一時悟不出具體是在忙啥？經諮詢香一師姐回覆說：「處理什麼事去就知道了」。

九月二十日，我和香珪師姐從台北搭最早班自強號火車專程到瑞穗[20]，當天夜宿瑞穗，翌日凌晨兩點半醒來，睡不著了就打坐，不久身體靈動起來高舉雙手，腦中浮現畫面是無形的香積法印石已經在香積園的圓環處安置就位[21]，我和香珪師姐聯手動念將取自日本上野公園不忍池辯天堂的「天機儀」安置在香積園，就飄浮在香積法印石上方運轉，南北斗星也開始轉動移位，……。打坐後立即將剛才感悟過程報告諮詢香一師姐，經香一師姐回覆一個「讚讚讚」的貼圖給我，驗證無誤，收工。

「啥？就醬!?」有些詫異，知道香一師姐要回應許多師兄姐提問，逐一打字回覆太辛勞

20 香珪師姐知悉且同行前往香積園也是一段煞費苦心的過程，請參閱本書「5.1香珪師姐知道了」。

21 有形的「香積石」與「法印石」，分別於二〇二四年十月二十九日、二〇二四年十二月二十八日安置就定位，請參閱本書「2.3可遇難求香積石」、「2.5因緣俱足法印石」。

了，所以經常以貼圖代表回覆訊息，但這次大陣仗物換星移、移山填海完成這麼天大的事情，香一師姐怎麼還是始終如一只回覆一個貼圖，感覺好像在超市搶購到一個限時即食優惠特價品一樣的心情。嗣後自己反省，這樣「討拍」的期待也很好笑，相較於多位師姐師兄天天默默進行中的殊勝任務，我經歷的這些不過是寓教於樂旅遊行程中的丹露、喔咪呀給，不就是香積法門弟子應為當為的日常工作爾，不正是法門弟子應以平常心看待的無常事，正是香積法門「大法至簡」的實踐與寫照！而且，也不用討拍得太早，任務應該還沒結束，更精采可期的故事還在後頭咧，待續！

東京上野公園不忍池辯天堂廟頂的天機儀與廟前的青銅雕塑琵琶

雲層後的神奇寶貝皮卡丘（右）與伊布（左）

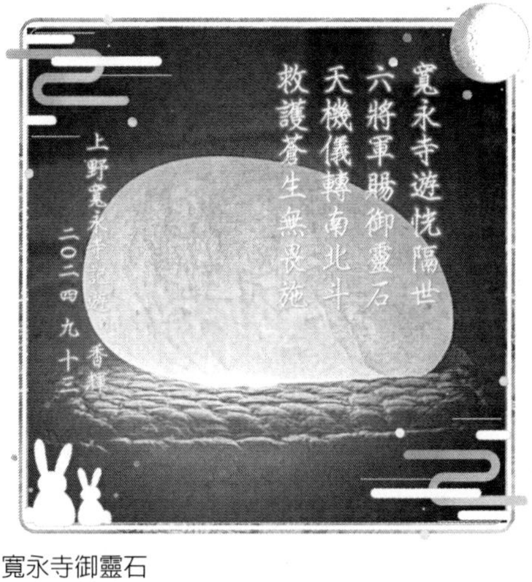

寬永寺御靈石

第四章　法門拾遺

二〇二四年香積園因緣俱足創設完成，創設期間蒙　香積師父及眾神佛庇佑協助，並賜予許多法寶法財資糧，得之於天地用之於眾生，除了前文記述內容外，法門諸多殊勝事，謹拾遺分享如下。

4.1 海潮公園土地公

二〇二四年六月八號至十號有三天的端午節連假，安排了北部功德行行程，從宜蘭到台北、新北，往宜蘭的雪山隧道每逢假期車流量大，原本想凌晨三四點就集合出發，經　香積師父指示清晨五點在香豐師兄家集合出發即可，果真，一路順暢無阻，不到一個小時就到了羅東火車站，先去接幾位從花蓮坐火車北上的師兄姐，才開始一天的行程。

第一天的行程都在宜蘭，預定行程有三清宮、東林寺、大福補天宮、礁溪協天廟等，特別的是突然加入的行程，到「蘭陽八景」之一的頭城北關海潮公園，這是一處利用當地特殊的礁岩地形地貌闢建的濱海公園，有多處觀景平台可以遠眺龜山島。順著公園的石階步道走，先是在一處觀海視野不錯的平台，搭建了一座小寺廟供奉觀世音菩薩。接著走到海邊一處天然的岩洞，遊人進出可以錯身而過，裡頭供奉著地藏王菩薩，雖然沒有觀海的視野景觀，但可以遮風避雨，也是一處福地洞天。

離地藏王菩薩岩洞不遠處，沿石階而上有一座兩顆礁岩巨石交疊形成的石縫空間，稍嫌狹窄的空間裡安置一個不銹鋼製的神龕，供奉兩尊很迷你的青石雕福德正神，這處土地公廟雖然也有可以看海的無敵視野，但和日常看到富麗堂皇的土地公廟或是大廟裡附祀的土地公神座相較之下，顯得極其簡陋寒酸。我很恭敬的合掌禮拜，「南無三滿哆，母馱喃，嗡，度嚕度嚕，地尾薩婆訶。」先默唸了土地公真言咒，接著心理OS：「兩位福德正神土地公公好！辛苦委屈了兩位老人家，在這樣簡陋的小廟裡望海看護著往來眾生，……」，想和土地公公聊天話都還沒說完，就突然來了一個念頭——「頒旨」、「開庫」！我心裡想，職業病又犯了，到了啥宮廟就要給人家頒旨開庫！但又怕萬一真有其事咧，豈不誤了大事，怠慢不得。

剛好香若師姐在旁邊，我就先告知香若師姐有此感應，「有喔！」、「請香音師姐再確認一下」香若師姐回應附和。於是我趕緊用手機拍下這座簡陋土地公廟的照片發給香音師姐，「師兄開庫」、「師兄頒旨升一級」香音師姐很快回覆我，於是立即動念為這斯是陋室惟吾德馨的北關海潮公園福德正神廟頒旨開庫，特別開心，因為除了感念這兩位土地公公的辛勞理所應得外，土地公公也是我非常敬愛的神尊之一[22]。誠應驗，山不在高有仙則名，水

22 筆者幼時可以說是外婆外公看顧帶大的，與外婆外公感情甚篤，後來外婆外公先後過世，長輩告知外婆外公現在都當土地婆、土地公去了，雖然半信半疑，毋寧信其為真，家裡也供奉著福德正神，俗稱土地公，所以對土地公一直有一份特別的親切感，每至各地土地公廟，都會默唸土地公真言心咒。與土地公也曾有非常奇特的感應事蹟，請參閱筆者著《拉拉山林奇遇記》一書「2.6 土地公的立杯」。

不在深有龍則靈，廟不在大，有正神就行！

功德行第一天晚上，我們一行人掛單夜宿在宜蘭玉清宮，隔日一早吃完早餐後回房收拾行李，等著九點鐘集合出發，師姐師兄們邊收拾東西邊聊天，我趁著空檔就坐在床板上打坐補眠。過了一會兒，突然感覺到臉頰額頭發燙，一股能量從頭澆灌而下，依照過去經驗，我知道是　香積師父或是其祂神佛來加持了，只是一時之間不確定是　香積師父還是哪位神尊駕臨。在此同時，打坐閉目中浮現出昨天海潮公園的土地公前來，看到土地公手中原本小小的元寶，突然像吹氣球一樣膨脹變大，大到放在一台手推車上，再仔細看，手推車裡是大大小小的金元寶，大金元寶壓在最上面，這是土地公公相贈回饋給香積法門的法財資糧。

「香能師姐！香能師姐！您能幫我看一下我額頭上有什麼嗎？」我問香能師姐，我想知道能量加持中是否有什麼樣的特殊外觀可以被看見。「沒有啊！」香能師姐先是站在我側邊應答，後來走到我面前來看，「耶？你額頭上有兩個圈圈!?」香能師姐如是說，我誤以為是法門指印的兩個圈圈，那表示是　香積師父來加持了。當天下午功德行結束後的分享會，我分享了上午的這一段感應，香能師姐補充說，是兩個重疊的圈圈，是昨天海潮公園的兩位土地公啦！香豐師兄也補充說，這兩位土地公日夜輪值，負責守護那片海域的眾生。頓時更讓我對這兩位土地公公更加敬愛與心疼，而那一推車的大小元寶，是這座海邊簡陋小土地公廟裡積累了多少眾生的油香資糧啊⁉禮重情更重，濃情厚誼，香輝定當妥善運用於日常法會佈施分享眾生，用好用滿絕不浪費分文。

第二天的功德行行程從宜蘭回到台北，北投農禪寺、關渡宮及土城承天禪寺，在關渡宮後山的靈山公園，可以俯瞰淡水河與基隆河交會處，及整個觀音山與淡水河出海口，而這個地方也正是我平日開車法會的地點之一，難得機會親臨現場，當然是要再動念渡有緣眾生。也在此時，有求渡眾生向香能師姐求助，只見香能師姐雙手抱頭痛苦不堪，經其他師姐師兄協助詢問求渡者，知其生前被人用釘子打進腦袋，遂為其靈療取出鋼釘得渡去也。接著淡水河河神也來求助，藉香能師姐之身傳達訊息，請求法門同行協助淨化前方河口濕地處。

功德行所到之處，除了該做的功課任務之外，也習慣性四處拍照做記錄，回家後再整理細看照片，赫然發現這一張淡水河與基隆河交會處上空的雲層中，隱約可見出現了觀世音菩薩，而觀音菩薩俯視下瞰之處，正是河神求助處理的溼地，虛實有無，就留由讀者心證判斷與感應吧。

北關海潮公園福德正神

日夜輪值守護這遍海域眾生 呵護眾生平安

2024.6.8

宜蘭頭城北關海潮公園望海的兩位福德正神（上）
香若師姐拍攝筆者虔誠禮拜北關海潮公園福德正神（中）
淡水河與基隆河交會處上空雲層中隱約出現觀世音菩薩（下）

4.2 阿里山上天門開

二〇二四年六月二十九、三十日兩天的周末假日，參加小犬服務公司的員工旅遊，地點是到阿里山，我們一家人都還沒去過阿里山，所以對這次的阿里山旅遊行程非常期待。偏偏最近的天氣不佳，衛星雲圖上長長的雲雨帶籠罩在華南地區，新聞報導大陸廣東豪雨成災，台灣的花東鐵路也因連日大雨造成的土石流淹沒鐵軌而停駛，導遊牛哥在行前就發訊息通知大家要準備雨具，集合出發時還預告說看大家的運氣如何，因為這一週上山的遊客都因為天氣不佳沒有看到日出。殊不知，我老神在在，心裡篤定一定會看到日出，因為行前一天打坐時，我已經感應到阿里山的眾生來求渡的訊息。

「昨晚打坐腳趾頭一直抽筋，不知是否阿里山的眾生來掛號求渡？初次造訪阿里山，這兩天會在阿里山和眾生好好交流一下！」，「剛剛在高鐵上小憩補眠，感應明早阿里山上看日出時要開天門、開庫!?敬問香一師姐：是否如是？」，經香一師姐回覆驗證無誤，我就知道，這回來阿里山不是純觀光旅遊的，還有任務要執行，也就很篤定可以看到阿里山的日出，也預期會有其他的奇遇出現！

果真，我們搭高鐵到嘉義站換乘遊覽車，乘車抵達第一站是阿里山下的觸口遊客中心，牛哥帶領大家先去遊客中心介紹整個阿里山國家公園概況，我一下遊覽車就看到不遠處天空中的雲朵很特別，隨手拍照放大來看，直覺是　濟公活佛師父，但一時不明所以為何　濟佛師父會出現？離開觸口遊客中心往阿里山上前進，不久就看到阿里山公路旁有一間氣勢恢宏的「龍隱寺」，牛哥在遊覽車上介紹這龍隱寺主祀五尊　濟公禪師，此地還有情侶最愛來走一回的天長橋及地久橋……，「原來如此！」我心裡會心一笑向　濟佛師父問好，因為平日法會都會用上　濟佛師父賜予的藥酒分享眾生，這回初次造訪阿里山，原來有間「龍隱寺」，難怪才剛到阿里山一下車就看到　濟佛師父盛情相迎，感謝　濟佛師父！

遊覽車在阿里山公路慢爬蜿蜒行駛，牛哥一路上介紹著阿里山相關的風景名勝旅遊資訊，沿路介紹不遠處山頭有恰如其形的大象山、小象山，介紹當年原住民出草吳鳳成仁取義的地點，以及鄒族部落在多次風災過後的遷村奮鬥史，上知自然科學，下通人文歷史，這位導遊牛哥很不一般，就和牛哥頭上戴的帽子一樣很特別[23]。我一邊聽著牛哥導覽說明，一邊看著車窗外的景物，沿路看著遠近山頭及黏在山頭之上的藍天白雲，所聞所見處處新奇。

23 牛哥姓黎，兩天旅程結束，赴高鐵站路上牛哥才多介紹自己一點，方知牛哥可是飛官下凡退休當導遊，地上跑和天上飛是一樣精采的七海人生，牛哥戴的黑色帽子上繡著3架IDF戰鬥機，有錢買不到，高手在民間，有緣才遇得到！

原本一路上還是藍天白雲艷陽高照的好天氣，行車越接近山頂，雲霧漸起雲層漸厚，我注意到天空中有個奇特的景觀，一團厚厚的雲層之中出現了一個空窗，好似雲層中刻意開一扇窗似的，我直覺這開天窗非比尋常，趕緊用手機拍下來上傳到法門群組，很快地就收到香一師姐的回應：

「廣開兮天門
紛吾乘兮
玄雲天庫開兮
甘露資糧普被
願若今兮無虧」

哇～殊勝非凡！簡單翻譯就是， 玄雲師父大開天門、天庫，吾等師姐師兄們乘此機緣紛紛前往受領甘露資糧分享眾生，願法門同行師兄姐都收穫豐盈功

雲端之上是降龍羅漢轉世的濟公活佛（左）
阿里山公路上元寶狀的玄雲天庫開兮（右）

德圓滿才不虛此行！我心裡想，才到半山腰還沒到阿里山上咧，已經開始開門、開庫了，那到了阿里山頂看日出時，會是什麼樣更加殊勝的景觀異象呢？滿心期待著！

第一天搭車到達阿里山上，今天主要的行程是去「特富野古道」健走，牛哥介紹說這是「特別富有好野人走的古道」，所以簡稱「特富野古道」，來回走一趟吸收富貴氣息，下山回去買樂透沒有中一萬也有五千。走在這古道，看森林富茂鬱鬱蒼蒼，空氣清新洗心滌肺，不由地大口大口呼吸，感覺人得以脫凡胎換仙骨似的，這是在酷暑平地有錢也買不到的高含氧清新空氣，難得到此一遊，當然要多多深呼吸幾口空氣，感受一下當特別富有好野人的感覺。這山徑不曾緣客掃，庫門今始為君開，大地藏無盡，勤勞走動茲有生，我還沒等到下山回家買樂透，走在這古道上已經發現處處有玄機，處處開庫取法財了，天地有情分享資糧，我也就不客氣地海納百川來借花獻佛咧！

晚上在阿里山賓館享用豐盛的八吠自助餐後，步行回到夜宿的賓館梳洗一番，原本想說稍晚要去外面看阿里山上無光害的星空，豈料竟然開始下大雨了，大家還在擔憂會不會看不到日出了，我心裡想，下雨正是洗塵來的，夜裡下完雨，明天肯定好天氣！果真，翌日清晨集合外出，雨停了！清晨三點五十集合，趕著去搭四點十五從阿里山站發車前往祝山站的小火車，讓我驚訝的是，大清早的小火車站竟然人山人海，排隊人龍已經從車站內迂迴轉折之後排到車站外的廣場，為了要趕在良辰吉時五點二十二分的日出時間前抵達小笠原山觀日平台，每一節小火車車廂都塞滿了人，還好只有約半小時車程時間，十年修得同車擠，大家將就將就擠一下咩，大擠大利！

小火車抵達祝山站，遊客一下車就齊刷刷地往小笠原山觀日平台走，天尚未亮，只見樹林黑幕中人影幢幢低頭前行，有點詭譎的氣氛場景。這一段山路雖然距離不遠，但對平日缺乏運動的歐里桑、歐巴桑來說，這有點坡度的路走起來也夠嗆。沒睡飽早起擠車又爬坡，一切的辛勞是值得的，待登上小笠原觀日平台，時過五點天已透亮，極目四望視野壯闊，立馬就忘記了剛才是怎麼邊走邊喘邊一路碎唸來的。

小笠原觀日平台上人聲鼎沸，遊客幾乎人手一機面向東方，等待著日出東方的時刻，而我卻是四處張望尋找任何開門、開庫的蛛絲馬跡，很快就看見了，豈是蛛絲馬跡，天門印跡就那麼明顯的高高掛在旭日金輝之上的藍天中，我立馬動念開天門、開天庫之外，同時拍照上傳法門群組，也發給香一師姐請師姐再確認天門位置，香一師姐很快地回覆驗證確認無誤。能在阿里山上旭日東昇前的殊勝時刻，為法門開天門、開天庫，取天地之間無形資糧分享諸有情眾生，天時地利人和因緣俱足，也只有在香積法門裡有此機遇，何其有幸！

二〇二四年六月三十日阿里山祝山小笠原觀景台日出東方時開天門（上）
阿里山日出同時西邊嘉南平原出現超大飛碟雲下彩虹（下）

不久，二〇二四年上半年的最後一天，日出東方實境秀開始，當第一道金光乍現躍出山頭，觀日平台上開始騷動起來，讚嘆聲、驚呼聲此起彼落，目睹阿里山日出的那一刻，心裡是莫名所以的感動，感受全家人一同首遊阿里山的幸福時刻，感受　大日如來師父源源不斷的能量加持，感受當下天地人相應合一的殊勝圓滿。

就在觀賞日出過程的同時，另一邊的人群也騷動起來了，大家紛紛轉身查看發生了什麼事，原來西邊的嘉南平原上出現一片巨大的飛碟雲雨瀑，在東邊升起朝陽映照下出現一道寬闊巨大的彩虹，在阿里山上竟然同時看到日出與彩虹，遊客驚呼連連，帶看阿里山日出團多年的導遊牛哥也沒見過如此奇景，真不可思議，不虛此行了！

此行兩天一夜的阿里山豐富之旅，處處得見奇景奇觀，在香積法門弟子眼中心中，感受到無形化有形的力量與賜予，對大自然是多三分的尊敬與感恩！傍晚時分在嘉義高鐵站上候車準備北返，隨手拍下西邊晚霞餘暉，看照片中的雲，是否又透露著什麼訊息呢？

阿里山上天門開
香積門下迎未來
大法至簡發心爾
呵護眾生平安泰
2024.7.2

煇：濟佛師父我回家了
佛：好呀 常來玩啊
煇：我一定會再來的
佛：心之所向 無遠弗屆

嘉義高鐵站看日落後彩霞餘暉中的故事

4.3 師兄姐體悟分享

一、夢中收妖大鬥法

今晨做了一個有趣又有點恐怖的夢，我夢見我在一個像是名勝古蹟的風景區，風景區內有一座廟，廟前一條商業街很熱鬧，但是我也看到這廟街以外的郊區有很多大蛇，還有許多看起來像是蛇頭或是獸頭的山頭，眼睛竟然真的張開在動，好像真有巨獸，只是偽裝成山體蟄伏不動。我從白天逛到入夜，豈料入夜後廟門就關了，連廟前商業街出入口也關上大門。重點來了，關上門後，廟街各處還是有一些穿著古裝看似工作人員的人，我走上前去質問工作人員：「裡面還有遊客怎麼關門了⁉」，工作人員馬上變臉，連講話口氣都變了，我才發現這些「人」都不是人，是「妖」，心裡先是嚇了一跳，因為還蠻多「工作人員」的，後來想到自己有很多法寶可用，怕個毛！守在門口看門的有三個妖，一個穿淺綠色古裝像丫環的小妖先發動攻擊，我就站了個很帥的姿勢，伸出左手掌，同時喊出「收～」，那個小妖就像被霧化分解掉一樣慢慢化成煙霧，沒了。旁邊另外兩隻看起來像是小妖主管的大隻妖，看小妖竟然這樣沒了，就朝我撲過來，眼看來勢洶洶要開打了，我還在想要用什麼法寶來對付，聽到手機鬧鐘音樂響，不打了，起床準備上班囉！（二〇二四年一月三十日）

二、玄天上帝頒升格

老家附近的巷子裡有一間家庭式小宮廟，門楣上牌匾寫著「清徽道宗總壇」，主祀　玄天上帝，雖然是家庭式小宮廟貌不起眼，但第一次經過時看到廟裡供奉的　玄天上帝正氣凜然威儀不凡，我對這家小宮廟也是敬畏有加，每次回老家經過此地都會向　玄天上帝行注目禮問好。這一天回老家又經過這家宮廟時，突然感應到有「頒旨」的念頭，「敬問香一師姐：老家附近巷子裡的小宮廟，主祀　玄天上帝，感應要頒旨升格，敬問香一師姐感應是否正確？謝謝香一師姐！」，「修行有功嘉惠鄰宮，金甲讚！」香一師姐如是回覆。我在這小巷子裡穿梭行走多年，若論因果關係說在香積法門修行有功，也是受　玄天上帝的庇祐牽成吧。（二〇二四年七月二十日）

三、狐仙顯像在藍天

「敬問香一師姐：這是剛剛在公司拍的照片，看起來是狐仙，我有動念試著與之連結，並問祂是否願意成為龍天護法與我們一起修行？隨後我的心輪轉動，應是表示是願意的。敬請香一師姐幫忙確認，謝謝香一師姐。」。看照片中的藍天白雲顯化出狐仙的臉，再鮮明不過。

藍天白雲顯化出狐仙

四、動念黃河渡眾生

下班開車回家，聽到「戰馬」這首歌，「漫漫的長夜啊，多少等待和掙扎，夢中的黑駿馬，向千里之外出發，馬蹄噠噠噠，黃河水嘩啦啦，……」，聽到「黃河水嘩啦啦」這一句時就莫名地感傷起來，深沉厚重的悲憤情緒，聽了幾遍都是如此，自己都覺得奇怪。後來頓悟到，會不會是黃河眾生來求渡？經請示師父點頭確認後，立即動念渡黃河眾生。自二〇二二年秋天出差大陸路經四川成都，與樂山大佛及當地眾生結緣後，平日辦法會時也會將樂山大佛列入法會地點之一，這週日是農曆七月初一了，昨天才專程動念在大陸成都樂山大佛、酆都、北京頤和園、雍和宮、廣州光孝寺等地辦法會渡眾生，四川是長江水系上游，但就從來沒想到也去黃河水系辦法會，眾生平等卻遺漏了黃河眾生，於是我把黃河眾生求渡的信息發到法門群組請師兄姐支援。千古至今，浪淘盡多少眾生，渡完之後再聽「戰馬」，黃河水嘩啦啦就很豪邁順暢了！（二〇二四年八月八日，農曆七月五日）

五、林府千歲贈金鐧

一日要去竹北出差，特別提早出門專程繞道先跑去竹北保星慈明宮，主祀林府千歲，唐玄宗時期林披公，科舉進士，任官漳州刺史、澧州司馬、康州刺史等職，也是媽祖林默娘的同脈祖先。林府千歲俗稱「林王爺」，育有九子皆官拜刺史，史稱「蒲田九牧」、「金闕世家」，故又有「九牧公」之稱。在大殿參拜林府千歲爺時，看到祂座旁豎立著一支法器金鐧，耀眼的金黃色，所以就多觀賞

藍天中長長的一道雲神似竹北保星慈明宮林府千歲座旁金鐧

了一眼。參拜完走到大殿外準備要開車離開時，看到清晨的藍天中只有一道很長的白雲，直覺就像是剛剛看到的林府千歲爺的金鐧，感悟是千歲爺相贈的法器，就欣然受領了，用在法會中分享眾生。

六、報喜斑鳩白頭翁

David是我一直感念在心的長官，若沒有David當年知遇之恩，以外派北京方式助我工讀完成中國人大碩士及博士學位，就沒有今日的林博士。David已經退休了，身體微恙，我邀請David一起報名打坐有三週了，希望對他調理身體有些幫助。二〇二四年十二月十五日這天我專程去看望David，要從David家離開前，我問David是否有意願加入香積法門，正式入門後就可以自己在群組裡報名打坐持續練功，David欣然表示有此意願。還在聊說要透過香一師姐請示香積師父，窗外陽台突然飛來兩隻班鳩，我拿起手機給班

David師兄家窗外陽台的斑鳩與白頭翁

鳩拍照時，又飛來兩隻白頭翁，我問David您家裡以前有過這樣同時來兩對鳥的紀錄嗎？答案是「NO！」，我心裡就有譜了，雙雙對對，吉祥富貴，好兆頭！我把照片發給香豐師兄及香一師姐，香豐師兄回覆說：「眾生知道有善法，要聽法。」、「師兄可以教他開無形道場弘法」，香一師姐說：「植物皆有趨光性，何況飛禽走獸乎」。班鳩、白頭翁那兩對鳥可厲害了，感應靈敏消息靈通，知道這裡有善法要來聽法，來的真快。那為何鳥兒知道這裡有善法？因為當David當下起心動念願意加入香積法門時， 香積師父已經應允，David當下已經是香積法門的弟子，也因此，「香積法門弟子所在之處即是道場」，David家當下的氣場磁場已經不同，所以我說那班鳩、白頭翁厲害，來的真快！

七、三人行必有我虱

二〇二五年一月四日周末，一早與香宇師兄的對話：

宇：「香輝師兄早安：請問今清晨三隻魚是否有出來放風……」

輝：「只有放鯰魚耶，咂滴，其它兩隻也溜出來了？」

宇：「早上半夢半醒看到三隻，兵分三路在跑，最肥的那隻往我這跑，我已經有點緊張了，然後牠溜過去的時候尾巴甩到我的腳趾頭，整個啪啪啪的觸感嚇的我直接從床上跳起來，真夠頑皮XD，現在腳趾還餘勁猶存……」

輝：「最肥那隻應該就是鯰魚，提早去向香宇師兄拜年囉！哈！」

宇：「只來一隻我可能還想不到，看到三隻才想到是您家的三隻魚XD」

因為前一天晚上友人請吃飯，點菜時問有沒有什麼忌口不吃的，我說牛肉、鯰魚不吃，友人問有何緣故不吃？才聊到我加入香積法門後的奇遇感應，以前愛吃的牛排、牛肉麵、牛肉乾、當歸土虱都不吃了，今早就看到香宇師兄有此一問，所以我直覺反應才說只有放鯰魚出來耶！還特地上網找了一張卡通鯰魚貼圖，DIY寫著「三人行必有我虱」。

八、峨嵋山頂開寶庫

在家裡剛吃過晚飯還在看電視，看到一個介紹四川峨嵋山的旅遊影片，是在二〇二四年一月間拍攝，峨嵋山上高山雪景吸住我的眼球，看著電視畫面上出現的雪景山色、雲海、華藏寺、金頂地標普賢菩薩白象蓮座金身，就一直感覺此處有寶。原本以為是自己職業病又犯了，初來乍到盡想給人家開庫挖寶，後來想到，二〇二二年秋天在成都閉關時就來過一次了[24]，一回生二回熟，要開庫、普賢菩薩賜寶物的感應越來越鮮明，自己先靜心感應，請示師父確有其事，再諮詢香一師姐確認後，趕緊把從電視畫面拍下的峨嵋山金頂照片上傳群組，請師兄姐一起開庫取寶，法寶法財資糧就直接搬回台灣放在玉山寶庫裡。之前也曾有相同經驗，看電視介紹長白山天池感應要開庫，把照片上傳群組後，有師姐回應說還要取草藥，再感悟是長白山千年蔘王餽贈百草藥。動念可取法寶法財資糧於千里之外，惟香積法門殊勝法。（二〇二五年一月九日）

從電視翻拍四川峨嵋山金頂的普賢菩薩金身

九、梭羅草種香積園：

二〇二五年二月三日，香饋師兄在群裡分享訊息，「敬問師姐：今早靜坐，感應到師父賜藥草。去到師父的淨土，取藥草，名為『梭羅草』，能醫幾種罕見疾病，師父並交代，要交給香輝師兄種在香積園。請示師姐：以上感應是否確實？」，「太讚了！」香一師姐回覆驗證無誤。經查，梭羅草又稱深綠卷柏、生根卷柏、金龍草、龍鱗草、地梭羅、地側柏、岩

24 參前著作《快人快語揭天幕》一書「5.2樂山大佛取伏藏」。

扁柏等別名，有驅風、解熱、利濕、解毒、消腫、活血、止痛、止血、生肌、抗癌等功能。

十、孔雀明王贈孔雀：

二〇二五年二月六日，香菱師姐發來竹北大佛王寺裡的孔雀明王照片，「香輝師兄，問你喔！你看到這張孔雀明王殿的照片，有相應什麼嗎？」，接著又接到香菱師姐發來她諮詢香一師姐的內容，「香一師姐早安！昨日去竹北大佛王寺，有一殿是孔雀明王殿，進去時，便不自主地說起靈語，眼睛也睜不開，頭暈暈，感覺有什麼磁場在騷動，當下感覺是孔雀開屏，本以為是迎賓（迎香積法門作客），晚上在家打坐時，請示師父，相應的是，明王贈送一對神獸孔雀，感覺是要送至花蓮香積園。不知以上相應是否正確？」，「太讚了！」香一師姐回覆貼圖以示確認。

十一、灰狼討報成護法：

一位久未謀面的師兄，因為身體病痛，我推薦他一起參加法門的打坐練功，打坐時想幫師兄究竟原由，看看是什麼因果造成師兄的身體病痛。才剛要動念觀想，腦海裡就冒出一個齜牙咧嘴的「狼頭」，是一隻大灰狼的頭，只有頭沒有身體，後來感悟是前世被這位師兄所殺害，這一世來找這位師兄討報復仇的，難怪齜牙咧嘴的凶狠模樣。我先動念幫大灰狼靈療，再溝通加以勸說後，大灰狼願意放下報復的執念，受渡到該去或想去的地方。接著大灰狼表示祂想去香積園，我回應說請師父做主發落。恰巧二〇二五年二月十三日這一天去瑞穗香積園，從香積園回程坐在火車上，腦袋裡又出現那隻大灰狼，但全身已經變成雪白色，原本齜牙咧嘴的大狼頭也笑瞇了眼，整個臉部表情像個開心的二哈一樣。經諮詢香一師姐確認無誤，「法無定法，色因事顯」香一師姐如是解說。

4.4 油土伯ＯＫ師兄

以前的老同事Mr. Oliver Kao，同事簡稱他「Mr. ＯＫ」、「ＯＫ先生」，Mr. ＯＫ習慣用錄影拍照寫日記並與人分享，退休後定居在加拿大溫哥華，仍持續錄影拍照寫日記發表分享的習慣，在YouTube上已經發表超過二千部影片，有四百多位追蹤訂閱者。二〇二四年十一月十六日Mr. ＯＫ突然發來訊息，說他現在人在台灣，這次是專程回台灣處理他父親九十多歲高壽仙返後事，十二月四日就要返回加拿大，所以特別和我聯繫敘舊一下，我隨即聯繫了幾位老同事，一起和Mr. ＯＫ會面餐敘。

二〇二四年十一月二十日，清晨打坐時突來靈感，想請Mr. ＯＫ以訪談方式拍攝介紹有關於法門叢書第一集《快人快語揭天幕》，以及有關於香積園從零開始的前後過程紀錄片，甚至想邀請Mr. ＯＫ去一趟花蓮瑞穗香積園參觀，也藉此相當程度介紹一下香積法門。接著感應到Mr. ＯＫ的父親前來，表示想加入香積法門，我立即動念渡高老先生到香積學苑。打坐後就諮詢香一師姐，並附上Mr. ＯＫ在日前聚餐時拍的影片，「敬問香一師姐：一、請ＯＫ先生拍攝香積園紀錄片上傳YouTube是否ＯＫ？二、高老先生是否已經得渡到香積學苑？」，經香一師姐驗證無誤確認可行。

我把這個訊息轉達給Mr. OK，還和Mr. OK說，您可以自己在家裡老爸靈位前駁筊杯詢問，確認一下令尊是否已經在香積法門裡了。二〇二四年十一月二十二日收到Mr. OK發來訊息，「我問爸爸，確定三杯神杯，已入香積法門，謝謝您啦！喜悅有福報。」。我鼓勵Mr. OK一起參加我們法門固定時間的打坐，若因緣俱足正式入門後，說不定還可以直接和老爸感應對接交流，於是Mr. OK開始報名參加打坐。

二〇二四年十一月三十日，Mr. OK回加拿大前的周末，我們相約再碰面出遊，Mr. OK習慣性地一路又拍照又錄影，這天氣溫微涼但天氣晴朗，趁天氣好我們去北投農禪寺尋幽訪勝，走到農禪寺後方農田旁時，突然出現一大群絲毫不怕人的麻雀，朝我們來來回回地飛，第一次感受到被成群的麻雀突襲包圍的感覺。之前曾有鷹群在我頭上盤旋的經驗[25]，這一次是整個人被麻雀群包圍，新奇的體驗。

二〇二四年十二月四日Mr. OK要返回加拿大，我鼓勵Mr. OK在加拿大也可以繼續報名一

25 二〇一八年夏，筆者在香港迪士尼樂園經歷群鷹在頭頂上空盤旋，當天獲賜法號「香輝」，詳參前著《快人快語揭天幕》——「1.3 法號香輝」。

起打坐，只是因為時差關係，台灣這邊晚上10點打坐時間，加拿大是早晨6點，Mr. ＯＫ要在冬天大清早起床報名打坐，確實是一項有無堅定「道心」的考驗。慶賀Mr. ＯＫ通過考驗，二〇二四年十二月十六日經　香積師父應允正式加入香積法門，今後要改口稱「ＯＫ師兄」了！

不久，ＯＫ師兄分享一個令人欣慰的訊息，ＯＫ師兄說他原本需要服用安眠藥助眠，自從加入香積法門固定時間打坐後，變得容易入睡，甚至還沒吃安眠藥就睡著了，就這樣漸漸地擺脫對安眠藥的依賴，「我現在平常都不吃安眠藥啦！謝謝啦！」ＯＫ師兄如是說。ＯＫ師兄也已經剪輯上傳了五支「香積如來法門1-1～1-5」及四支「閒聊往事2-1～2-4」訪談影片在YouTube上，ＯＫ師兄真是一位高產能的「油土伯」Youtuber。期待ＯＫ師兄以影音弘法，為香積法門弘法利生的志業一起努力！

歡迎~
Mr.OK
Oliver Kao
高明煌 師兄
加入香積法門！
2024.12.16

油土伯～OK師兄拍攝麻雀群

油土伯～OK師兄拍攝的麻雀

第五章　領旨掛牌

瑞穗土地過戶完成，香積石、法印石安座就位，也遠赴日本取寶物回來移山填海、轉動斗星，瑞穗買地事也已經讓香珪師姐知道了且全家人同遊過年，任務達成，以為工作告一個段落可以休息喝下午茶了。豈料，沒到二樓怎麼上三樓，既然到了二樓就再上層樓更上層樓，香積法門裡的任務工作是環環相扣按步就班，似乎是永遠忙不完的。

5.1 香珪師姐知道了

到花蓮瑞穗買地前後過程，一步一步都透過師姐師兄請示　香積師父，也多次在分享會中與師兄姐分享進度，甚至在前著作《快人快語揭天幕》書中「8.4 故鄉道場的藍圖」一文詳述前因後果準備公諸於世，好像天下人皆知，唯獨還沒告知內人香珪師姐。為此，　香積師父多次透過師兄姐表達關切之意，花蓮瑞穗買地的事當然必須讓香珪師姐知道。隨著香積園日漸圓滿成型，法門師兄姐都已經去功德行走一回了，更是頻頻告知、勸說、告誡，只差還沒下最後通牒爾，「你們家師姐深明大義度量很大的！」香能師姐如是說，但怎麼聽起來弦外之音好像是「死罪可免，活罪難逃」的意思!?

其實我也不是刻意要隱瞞香珪師姐我在瑞穗買地的事，我當然很樂意與香珪師姐分享所有大小事，特別是在香積法門裡所經歷體悟的一連串事情，但是就買地一事，因為有去年埔里買地的前車之鑑，去到現場看地也未必就中意，看了中意也未必會出價，就算出價了也未必會成交，甚至成交了沒過戶完成前也可能會有變數。所以這次瑞穗買地事，一開始也沒當真，就隨順因緣隨遇而安。豈料，接著就遇到一連串的神蹟奇遇故事，至今還在持續進行中停不下來……。

因為買地前後過程諸多因素評估考量下，決定等土地過戶登記完成之後，再找個燈光美氣氛佳的良辰吉時告知香珪師姐。第一個時機點是二〇二四年六月份前著作出版問世時，我把剛出版的新書題名落款奉送一本給香珪師姐，心裡想書中「8.4故鄉道場的藍圖」一文已經詳述瑞穗買地的前因後果，再詳細清楚不過，我就不必多費唇舌細說重頭。豈料，香珪師姐沒有任何反應，不知是看過書之後默許認同了，還是根本看都沒看，所以只是「NOT YET」還沒有任何反應發作，我姑且就當咱家師姐是無異議表示同意了。

第二個時機點是二〇二四年九月初全家去日本東京旅遊時，難得全家一同出國旅遊，而且是到香珪師姐最愛去的日本，行前計畫沙盤推演，全家人在某個飯店用餐美酒佳餚前，或是漫步在某個公園名勝古蹟花香縹緲間，當眾宣告我在花蓮有一方天地，給全家人一個Surprise！「葡萄美酒夜光杯，細說買地在瑞穗；醉臥福地親莫笑，退休養老long stay！」，詞都想好了。豈料，玩得太嗨，要不是我自己玩得太嗨忘記提這件事了，就是家人玩太嗨聊太嗨，找不到插播發言的適當時機。

因為已經提出申請在香積園農地上搭建網室及附屬設施車輛運迴轉空間，接到瑞穗鄉公所通知排定在二〇二四年九月二十日週五這一天前往農地現場會勘，第三個最佳時機點來了，我想趁這次機會帶香珪師姐一起去瑞穗，讓她實地看看這福地洞天一方水草山色的自然美景，親眼所見更具有說服力。因為要預訂到瑞穗往返的火車票，所以不得不提前起義告知香珪師姐瑞穗買地事，但是要怎麼引言開口呢？

「媽咪週五有要代課嗎？」我問。

「沒有，圖書館整修中。」香珪師姐答。

因為香珪師姐在住家附近的小學圖書館當志工，偶爾也兼任代課老師，所以由此破題單刀直入。問東答西，但探知香珪師姐週五有空，太好了！於是有了以下接續的對話：

「那要不要去花蓮瑞穗玩？」（投其所好）

「好哦——Yeh！」，「為什麼要去瑞穗？」

「要去會勘土地。」（引君入甕）

「你要幫別人去喔？」

「是幫自己，我的地！」（冷水煮蛙）

「你的地？」

「齁！妳都不關心我！都不看我的書，只會看手機、看電腦，都不知道我經歷了什麼事，……。」（藉題發揮）

「……@!@……，你哪來的錢買地？」

「我撿到的……，妳去看書就知道了啦！」（轉移焦點）

「好咩！」

「要去不去？我要訂火車票了喔！」（欲擒故縱）

「好！」

YES！搞定！

我和香珪師姐從來沒有過一起坐火車去花蓮，既然難得一起坐火車去到花蓮瑞穗了，反正隔天是週末，不如就在當地過夜多玩一天，更深入的實地會勘考察一下風土民情，香輝與香珪無異議一致通過提議。當下協議分工，我負責預訂九月二十日一大早往瑞穗的自強號火車票，香珪師姐負責上網搜尋訂好當天晚上落腳的民宿。我和香珪師姐對這次兩天一夜的花蓮瑞穗之旅充滿期待，就像讀小學時要去遠足，心裡莫名的自嗨好幾天，此刻或許多了一絲絲各懷鬼胎的喜悅與興奮吧！

當日大清早五點多就開車出門，到台北火車站趕搭最早班火車，到達瑞穗農地上陪同鄉公所人員會勘土地完成後就沒事了，我帶香珪師姐去參觀不遠處的瑞穗牧場，偌大的草場上只有一隻孤單的迎賓鴕鳥，牧場的乳牛全都關在牛圈裡顯得慵懶無趣，空氣中充滿異香，趕緊結束牛圈參觀行程前往遊客中心，請香珪師姐品嘗鮮奶霜淇淋、鮮奶酪、鮮奶茶。下午坐火車到玉里玩，在陌生的小鎮走馬看花處處新奇，香珪師姐發揮專長上網搜尋網紅景點與美食，吃刨冰、玉里臭豆腐，晚餐回到瑞穗火車站旁吃日本料理。晚餐後在瑞穗街道上散步閒晃，深度旅遊體驗瑞穗夜晚的寧靜美，路經一家古色古香的小吃店，入內考察再吃一碗冰、喝一杯木瓜牛奶，然後心滿意足的回民宿睡覺。

翌日清晨起床打坐中感悟，和香珪師姐一起把從日本上野公園帶回來的天機儀安置好，啟動天機儀，……。原來和香珪師姐來瑞穗不是純觀光旅遊的，還有重要的任務功課要做，勞心勞力任務完成，我在打坐中如幻似真感悟進行，香珪師姐全程如如不動在睡夢中督導參與執行，厲害！無二無別，難為她了。

行筆至此插播一段，前一天九月二十日下午四點八分，香一師姐在出書群組裡貼文詢問，「沒看過《佛說天地八陽神咒經》的請吱聲」，「豐師兄家中還有嗎？」，多位師兄姐紛紛表示沒讀過這部經，我也吱了一聲，第一次聽到有這麼一部經書。豐師兄接著上傳了網路上的《佛說天地八陽神咒經》網址讓大家自行上網參閱全文，香一師姐也進一步提點節錄此經精要：

「天地八陽神咒之經，此經—過去諸佛已說，未來諸佛當說，現在諸佛今說。」，「云何名八識？眼是色識、耳是聲識、鼻是香識、舌是味識、身是觸識、意是分別識；六根是六識、含藏識、阿賴耶識，是名曰八識。明了分別『八識根源，空無所有』，即知兩眼是光明天，光明天中即現日月光明如來；兩耳是聲聞天，聲聞天中即現無量聲如來；兩鼻是佛香天，佛香天中即現香積如來；舌是法味天，法味天中即現法喜如來；身是盧舍那天，盧舍那天中即現成就盧舍那佛、盧舍那鏡像佛、盧舍那光明佛；意是無分別天，無分別天中即現不動如來、大光明佛；心是法界天，法界天中即現空王如來；含藏識天，演出阿那含經、大般涅槃經；阿賴耶識天，演出大智度論經、瑜伽論經。善男子，佛即是法，法即是佛，合為一相，即現大通智勝如來。」」，香一師姐特別再提點「兩鼻是佛香天，佛香天中即現香積如來」這一句，香一師姐突如其來特別提出這一部《佛說天地八陽神咒經》，想必就是很重要的必修課，我已經先上網找到了這部經書流通贈書處，等回家後再上網聯繫索取。

訂好回程火車時間在下午，把握上午還有半天的旅遊時間，香珪師姐上網搜尋附近的景點介紹，最後決定去已逾百年歷史供奉黑面佛祖的「青蓮寺」[26]。到了青蓮寺參訪禮佛之後，行經寺裡角落書櫃善書結緣處，心裡才在想昨天香一師姐提到《佛說天地八陽神咒經》，不知這裡會不會有……，眼睛為之一亮就看到似乎發光中的《佛說天地八陽神咒經》，還剛好只有兩本留給我和香珪師姐，香珪師姐說拿一本就好，另一本留著分享給有緣人，聽香珪師姐的！

回程在台九線上瑞美國小站牌等公車，等車無聊四處張望，看到不遠處民宅門口賣花蓮大西瓜，走上前看了看，新鮮現採大西瓜，每顆才一百五十元就買了一顆，買得很高興，轉

[26] 花蓮瑞穗青蓮寺，逾一百二十年歷史，供奉罕見「黑面佛祖」釋迦牟尼佛，相傳清光緒年間一老叟肩挑兩竹籠寄放當地通事宅前即消失無蹤，村民掀開竹籠發現內有二尊銅佛及字條，指定一尊放在水尾（今瑞穗）、一尊放在馬太鞍（光復鄉），遂由當地通事發起建寺，嗣後經歷多次地震毀損改建，但佛像及竹籠均安然無恙，鄉民稱奇視為神蹟。黑面佛祖神尊及竹籠今為青蓮寺的鎮寺之寶。

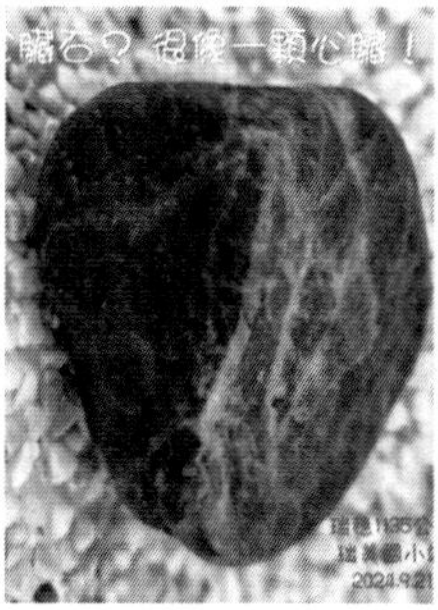

瑞穗鄉市區裡奇遇的美食與美石（左）
瑞穗青蓮寺贈書《佛說天地八陽神咒經》（右）

身才想到沒開車來，又不好意思退貨給賣西瓜的老人家，只好硬扛。香珪師姐親眼目睹我須臾片刻間拎著大西瓜走回來，一臉錯愕不可置信欲言又止的神情，這才發現，我來瑞穗買地帶給香珪師姐的「驚喜」，還不如買一顆大西瓜!?抑或香珪師姐知道我買地和看到我買大西瓜是一樣的反應，當下這一刻滿臉驚訝但滿心甜滋滋，知我若是的夫妻情義吧!?

拎著大西瓜滿臉尷尬地走回站牌，彎腰放下大西瓜的同時，眼角餘光瞄見路邊有一堆石頭，湊過去蹲下來看看，竟然在這大馬路邊的石頭堆裡也能撿到一顆心臟石！齁齁，那感覺比吃西瓜還甜。拾起石頭還來不及擦拭乾淨，就看見公車緩緩駛近，是此行回家前土地公送我的紀念品嗎？「I will be back!」心裡回應默禱感謝土地公。

上了公車發現全車只有一位媽媽桑乘客，媽媽桑在下一站下車後，這輛公車就成為香輝與香珪的專車，也許是搭花東台九線公車的乘客人稀為貴，司機大哥也很鮮，主動與我們攀談閒聊起來，問我們要坐到哪裡？是要去瑞穗火車站嗎？他表示可以把我們直接載到瑞穗火車站前，把公車當Uber開了。我們開心地回應司機感謝他的美意，但我們要先回到民宿拿行李，就離原定要下車的公車站牌不遠處。這司機大哥讓我和香珪師姐對瑞穗的人文風情再添佳話留下好印象，結束愉快的兩天一夜花蓮瑞穗自由行！

花蓮瑞穗買地事，香珪師姐知道了，而且已經實地會勘考察回來，任務完成，收工！

【後記】

二〇二五年農曆新年難得有九天連假，決定今年不在家過年，趁年假帶妻小一起去花蓮瑞穗，看看舞鶴山下香積園美麗的自然景觀，感受一到香機園就令人愉悅的殊勝磁場。除夕前一天就開始還島迎春之旅，首站在花蓮市停歇過夜，翌日一月二十八日是除夕，在除夕日開車載著妻小沿花東縱谷台九線南下，路上人車稀少更顯天地開闊，突然有種久違的「回家過年」的心情，瑞穗香積園衍然已經是我靈性的家園。

回到瑞穗，除了香積園之外，還有一處也是我一直掛記在心的緣起之地，第一次去瑞穗看地時就誤打誤撞跑去佛堂吃素齋午飯的「瑞穗有機觀光農場」[27]，有自給自足的茶園，也設有佛堂，這處農場也是「大光明道場」。自花蓮四〇三地震之後未曾開車去花蓮，趁今年年假開車環島過年，特地載著全家人一起去瑞穗有機觀光農場，見故人茶山師父、慧心師父、慧幸師父就心生法喜，特別是能帶全家人來到這佛堂一起參拜　千手觀音佛祖，答謝千手觀音佛祖的庇佑，牽成香積園順利圓滿在瑞穗落地當鄰居，心裡有滿滿的感謝與感動。向三位師父拜年寒暄片刻後，帶著師父相贈的墨寶、紅包、茶葉及滿滿的祝福，離開農場後便直奔香積園。

說來也妙，香積園成立期間所到寺廟，我除了感謝神佛的庇佑賜福外，也敬邀神佛來香積園作客，越接近農曆新年，越能感悟到香積園裡熱鬧滾滾賀客盈門，剛好趕在除夕這天中午抵達瑞穗香積園，回家盡地主之誼接待貴客！現在，不僅香珪師姐知道了，全家人都知道了，且於二〇二五乙巳農曆新年一同到此一遊！

27 參閱本書「2.1清心師父來頒旨」。

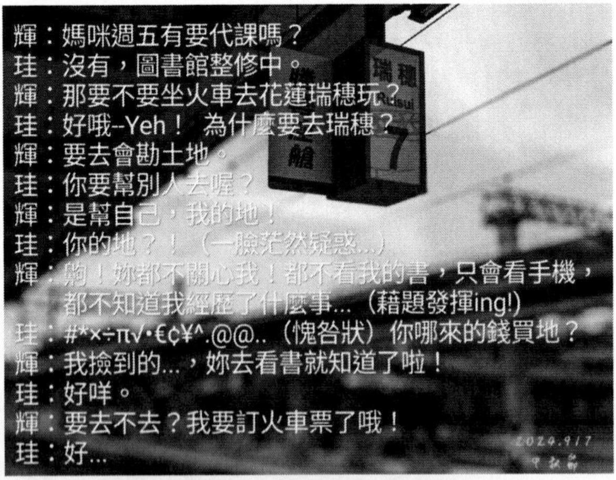
輝：媽咪週五有要代課嗎？
珪：沒有，圖書館整修中。
輝：那要不要坐火車去花蓮瑞穗玩？
珪：好哦--Yeh！ 為什麼要去瑞穗？
輝：要去會勘土地。
珪：你要幫別人去喔？
輝：是幫自己，我的地！
珪：你的地？！（一臉茫然疑惑...）
輝：夠！妳都不關心我！都不看我的書，只會看手機，
都不知道我經歷了什麼事...（藉題發揮ing!）
珪：#*×÷π√•€¢¥^.@@..（愧咎狀）你哪來的錢買地？
輝：我撿到的...，妳去看書就知道了啦！
珪：好咩。
輝：要去不去？我要訂火車票了哦！
珪：好...

邀約香珪師姐到瑞穗香積園的對話（上）
瑞穗有機觀光農場茶山師父惠賜墨寶與紅包（下）

5.2 玉帝頒旨香積園

瑞穗農地過戶完成，香積石也順利承租適當地點安座後，工作暫告一個段落，申請承租及承購相鄰國有地事，就等主管機關審查程序行政作業慢慢跑吧，也不急於一時了。這瑞穗農地是我計畫中的苗場，也是香積法門的無形道場，功德行時把這裡稱為「香積園」，但除了有提出「香積苗場」的商標申請外，還沒有「香積園」名稱的商標或是公司行號正式提出申請。

二〇二四年十一月十二日清晨起來打坐時，感應到　香積師父授與一枚大印，白色似象牙材質，方正印材，冠頂有圖騰雕飾，但一時未能感應出是什麼大印，有何功能用途？後來又聯想到香積園，是不是要刻一顆與香積園有關的印章？於是就有了「香積園舞鶴苗場」註冊商標，以及以「香積園」註冊登記公司商號名稱的想法。但問題是，新設公司是否真的是師父的旨意？還是我又自己一頭熱？若要新設公司，要設立什麼樣的公司型態？現階段是否有人力去營運管理？

回頭一想，就算不是要新設公司，是否要把這公司名稱先申請公司行號或是商標權保護起來？於是諮詢香一師姐，師父是否指示要設立新公司的意思？還是只是單純的賜名刻章、註冊商標就好？若只是要刻章或註冊商標，可以用現有的香魚藝術公司去申請。香一師姐很快回覆告知：「**敬回師兄，單純賜印。**」，師父如此指示，我心裡就知道如何相應辦理了。

二〇二四年十一月十五日，一大早打坐就不淡定，在想香積園的事情，考量暫時不設立公司，但又想先把「香積」名稱登記保護下來，折衷方案就是申請設立行號（法律人格屬個人、自然人，非公司法人），可以辦理商業登記將行號名字先註冊登記下來，但行號名稱登記保護僅具有地方性效力，只是花蓮縣內不得再有重複行號名字。此外，預期日後苗場應該也會有一些營業行為，不論是賣樹苗或紀念品，於是有了將已經申請商標的「香積苗場」同時用來申請註冊登記行號的想法。

我先上網查詢經濟部工商登記，發現已經有很多不同行業別以「香積」附加名稱註冊登記的公司行號，而「香積苗場」還沒有人登記。於是再諮詢香一師姐以「香積苗場」名稱申請登記公司行號是否可行，香一師姐回覆了一個佛陀說法的貼圖給我，表示應許ＯＫ！我即開始著手洽辦，但著手洽辦後又遇到新的問題了。

原本想先以最簡單方式，以「香積苗場」名稱在花蓮縣政府申請設立登記行號，經聯繫諮詢會計師、記帳士等友人了解相關細節，總結所獲結論及建議，行號一樣需要兩個月申報一次營業稅（即使無營收不必繳稅）與公司無異，所以基本費用成本是一樣的。而行號必須在花蓮縣政府設立登記，必須在花蓮境內當地有可供設立登記行號的地點地址，既然基本管銷費用成本一樣，登記行號名稱也僅在花蓮縣境內具地區性效力，何況連登記行號的合適地點都沒譜，那不如就直接申請設立公司型態。

隔日清晨打坐，再思考申請設立公司的各種可能方案，包括新設一家有限公司後立即申請停業暫不營業；或是先申請預查公司名稱，核准後可以保留六個月，六個月後再正式申請公司設立登記，設立後再申請停業。最後靈光乍現，何必把事情搞得這麼複雜，將現有的「香魚藝術有限公司」申請變更公司名稱為「香積園有限公司」，香積園與香魚藝術「二合一」不就成了，突如其來畢其功於一役的想法！

若僅是申請變更公司名稱，手續相對簡便，可以同時擴充增加香積園所需要的營業項目，「香魚藝術」公司名稱不再使用，香魚藝術公司原來的營業項目成為「香積園」的一個事業單位的業務，且日後香積園可以視實際需求再擴充其他的新業務。香積園與香魚藝術二合一，仍只有一家公司的管銷費用，只是需要變更登記相關費用。

有此清晰念頭後，突然雙手又靈動起來，漸漸高舉在半空中，受領一把從天而降逾千年歷史的「玄（懸）空寶劍」，經諮詢香一師姐這把寶劍和設立香積園公司是否有關連性，師姐回覆告知，這把「玄空寶劍」是一把「慧劍」，以意驅使，智慧之劍。玄空寶劍與香積園公司相繼出現，有寶劍護持香積園公司，也要有如劍犀利果斷的智慧經營香積園公司，我想這是　香積師父賜與玄空寶劍的用意吧。

香魚藝術公司設立登記後一直未真正營運，只有當出版人出版了《快人快語揭天幕》一書，及申請一個《法印+香積苗場》商標，若香魚藝術退場，香積園接續正式登場，如此操辦，沒有新設公司，符合　香積師父的指示！將「香魚藝術有限公司」名稱及營業項目變更登記升格為「香積園有限公司」的想法是否可行？打坐結束後我趕緊將以上感悟過程及疑問諮詢香一師姐，香一師姐很快地回覆：「**師父說：怎麼方便怎麼來。**」。

先知　香積師父高瞻遠矚，將「香積園」取代「香魚藝術」公司名稱，但保留無損香魚藝術的現有業務項目，「二合一」企業合併的概念，正是最方便且精簡營運費用的方案。在香積園有限公司底下，除了保留香魚藝術的藝文功能外，即將開展種苗場業務，將來還有香豐師兄的香積廚餐飲業務，香若師姐的版畫藝術事業，不同事業部的概念，若個別做大做強了也可以分出成獨立公司，當下都先集中資源在「香積園」母雞羽翼下。我問香一師姐：

「難怪　香積師父只賜予我一顆大印，就是讓我變更公司名稱後重刻用，沒有要另設新公司，原來是這個用意吧⁉」，香一師姐回我一個「超讚」的貼圖！

嘻嘻！殊不知，香積園有限公司的大章都已經準備好了，因為前幾天想到要刻「香積園舞鶴苗場」的章，同時想到不妨把「香積園有限公司」的印章請不同家刻印社排版設計印文字體，若決定要設立公司時就可以馬上刻印，結果香積園有限公司章的印文電腦排版後發先至很快就完成了。接著公司名稱預查名也核准了，「吶羅摩囉護呵」　香積如來師父心咒也剛好持咒十萬遍圓滿，二〇二四年十一月二十三日這一天，「定在卯日」的大吉日子，特別請刻印師傅安排在這一天動刀刻印。

是日清晨打坐時，想到今天要刻印，想到香魚公司即將晉升更名為香積園公司，又聯想到公司的統一編號「巴山愛我山是髮妻」，這原先是用麻瓜諧音記憶法為了記住統編號碼「８３２５３４８７」，現在重新再看這組統編號碼，腦子裡同時出現花蓮瑞穗舞鶴山下香積園美麗的田園風光，「耶？舞鶴山？五二三⁉」，「三二五～山鶴舞⁉」，突如其來福至心靈的靈感頓悟，啟動麻瓜諧音記憶法把所有諧音字再重新排列組合一下，於是乎……如此這般這般……，摩斯密碼重新解譯後有了全新的詮釋～「巴山鶴舞山勢八奇」，為圓滿香積園公司設立登記題詞誌賀。似乎一切自有定數早已經安排好了，再一次讚嘆這冥冥之中殊勝的善巧安排！

公司大印刻好，於二〇二四年十二月九日正式送件申請將「香魚藝術有限公司」名稱變更登記為「香積園有限公司」，完成經濟部商業司的正式變更登記程序。就在公司大印刻好等待辦理公司名稱變更登記期間，「法印石」也神奇的緊接著自動出現，於二〇二四年十二月十六日完成鐫刻，於二〇二四年十二月二十八日安座就定位完成。法印石在香積園立起安座完成之後，果真驗證了香豐師兄的預言，「等香積石立起來之日，就是香積法門要開始啟動之時！」[28]。

二〇二四年十二月三十日清晨三點半，又是在這殊勝時分醒來，「有事嗎？」我心裡想該做的事都已經告一個段落了，怎麼又在這時候醒來，醒來就起床打坐，坐了約一小時後開始靈動起來，甩動雙臂漸漸抬高雙手，以雙手托天姿勢舉在半空中，感悟要「開門」，接著看到虛空中出現一個就像門一樣的四方形，從四方形中射下陽光一樣的光束，光束中伴隨著落下一些不明寶物。稍後不久又感悟要「頒旨」，而且還出現滿臉笑意和藹可親的　玉皇大帝親自頒旨，感悟受領一個大大的長方形物，接著出現「香積園」三個字，感悟是香積園的牌匾，香積

28 法印石的出現也是神蹟，請參閱本書「2.5因緣俱足法印石」。香豐師兄於此所言之香積石，同時兼指香積石及法印石。

園正式成立，且既然是　玉皇大帝親自頒旨，那不就是「玉旨」⁉腦袋裡出現一個簡樸而莊嚴的金黃色玉旨牌匾。

經諮詢香一師姐感悟是否正確，師姐回覆一個豎起大拇指的佛手ＤＩＹ加註「舞高鶴金甲讚」的貼圖給我，確認無誤，功德圓滿。我既驚又喜的回應香一師姐，「那就是香積園可以『掛牌上市』的意思囉⁉哈！恭喜！恭喜！」。無形的《玉旨香積園》都正式領旨掛牌了，再次驗證香積法門虛實相應合一的殊勝法，為香積法門弘法利生的志業再立下一個里程碑！

玉皇大帝親頒玉旨香積園示意圖（上）
公司統編中的摩斯密碼（下）

5.3 三色金匾掛城頭

二〇二五年一月十五日，農曆十二月十六日，凌晨兩點多就醒來，醒來後精神很好，沒有想再回床上睡回籠覺的睡意，想必有啥大事才會在這殊勝時刻醒來，於是就乖乖去佛堂打坐。過沒多久身體就靈動起來，花式轉動雙手手腕，漸漸高舉雙手在半空中，先是感應接了一塊很大的四方形物，漸漸浮現出「香積園」三個字，才看清楚原來是一面直式的「香積園」牌匾，接著看到花蓮瑞穗香積園農地上出現一座像古城樓般的建築物，這塊牌匾就高高掛在城門口正上方。

特別的是這面牌匾的材質與結構，材質像是黃K金、白K金及玫瑰金三色貴金屬組成的，色澤呈現出Cartier三色金的光亮時髦高貴質感；而結構卻是三色長條棒金屬以類似寺廟斗拱結構組合而成，四個角及周邊就任其凸出不加剪裁或修飾，非常大器又特殊的造型。兩週前才領了《玉旨香積園》，今天瑞穗香積園無形的城樓已經建好，而且正式掛起牌匾了？

接收香積園牌匾掛牌完成後，雙手還不放下來，等啥咧？接著就感應到接收一個好大好胖好可愛的大金元寶，雙手張開剛好可以接收用頭頂住的大元寶尺寸，心裡可樂壞了，謝謝師父賜予的法財。打坐完出門上班，到公司後立即把剛剛感應情形稟報香一師姐，請香一師姐幫忙確認虛實，香一師姐回覆了一個大肥貓比「太讚了」的貼圖給我。剛好同一天，製作鑰匙圈的廠商也製圖排版完成，正好當作是香積園「掛牌上市」的紀念鑰匙圈。

我似乎看到從城門後到舞鶴山下，都是香積園的國度，太讚了！

【後記】

有形的香積園公司設立登記完成，無形的香積園高掛玉旨及牌匾，為法門弘法利生的籌備工作完成，感覺香積園裡神佛貴賓賀客盈門熱鬧滾滾，許多殊勝事蹟仍持續不斷發生中。二〇二五年二月一日農曆新年大年初四，凌晨打坐中感悟，二〇二三年在埔里大雁頂看的第一筆地沒買成，倒是從這地的「孔雀開屏穴」取出一卷「寶藏清單」送交陽明山姜太公道場給姜太公保管，現在必須去陽明山姜太公道場取回寶藏清單，香積園有用，於是當天上午便前往姜太公道場，向姜太公拜年並取回寶藏清單。惟這只是取回寶藏的「清單」而已，至於清單內容究竟是什麼寶藏？有什麼功用？要如何取得？與香積園又有何種關聯？還有待日後驗證。

正苦思數日不得其解，二〇二五年二月六日（農曆正月初九日），香菱師姐發來竹北大佛王寺裡的孔雀明王殿照片，問我看到這張照片有相應什麼嗎？突來一問如雷貫耳，才猛然想起，二〇二三年初開始看地時，正是因為香菱師姐推薦，全家人在清明節連假期間第一次去參拜竹北大佛王寺，當時就感悟到大佛王寺諸神佛賜予許多寶物[29]，原來答案就在看地之始的大佛王寺，原來香積園成立後始因緣俱足得以受領寶物。

接著接到香菱師姐轉發告知，她前一日去竹北大佛王寺，在孔雀明王殿感應到孔雀開屏磁場騷動，孔雀明王贈送一對神獸孔雀至香積園[30]，經香菱師姐分享告知點醒後，我二月九日（農曆正月十二日）專程再去大佛王寺，向諸神佛拜年賀歲及致謝外，為弘法利生所需挖寶取寶。冬日午後陽光灑進孔雀明王大殿，恰巧殿內無人，我在孔雀明王殿前盤退靜坐片刻，背後曬著陽光好溫暖，感悟享受這充滿能量加持的時刻，似乎看到孔雀明王又賜予好多法財法寶資糧，我還得出動「光之軍」去幫忙搬運咧。

大佛王寺殿外空地還有許多尚未組裝起來的精美石雕，我看到其中一尊立姿釋迦牟尼佛祖，似乎在對我說～「Give me five！」，我回應佛祖，拍下福至心靈的一瞬間，並留下一

29 請參閱本書「1.3 緣慳一面大坪頂」。
30 請參閱本書「5.3 師兄姐的體悟分享」之「10. 孔雀明王」。

偈做為本書註腳：「寶藏清單獻佛前，受領法財心念間，孔雀開屏會舞鶴，虛實相應香積園。」。

香積園

寶藏清單獻佛前
受領法財動念間
孔雀開屏會舞鶴
虛實相應香積園
Give me five !
竹北大佛王寺
2025.2.9

打坐中感悟受領的香積園三色金牌匾示意圖（上）
竹北大佛王寺釋迦牟尼佛祖說～Give me five !（下）

5.4 法門叢書第二集

瑞穗土地過戶完成，香積石、法印石先後安座就定位，香積園有限公司登記完成，玉皇大帝親頒玉旨香積園，無形的香積園城牆樓閣已現，三色金屬香積園牌匾高掛在城門上，香積園虛實相應合一日益成型，但感覺這些都只是「籌備工作」而已，真正的要務才要接續開始。

在過去這段籌備期間，因為經手將殊勝莊嚴又美麗的香積法印、書法字體鐫刻於巨石，以及與刻印師傅討論設計完成香積園公司大印印文，一直想把法印、書法字體、大印印文加以生活化應用推廣，包括應用在鑰匙圈、燭台、夜燈、環保袋、帽子、衣服、……等，除了分享給法門師兄姐外，甚至可以分享給社會大眾，作為對外弘揚香積法門弘法利生的幸運小物，其中的鑰匙圈已經找好廠家洽談訂購細節中。

二〇二五年一月十七日，昨天下班開車途中，還在想著訂製香積園紀念鑰匙圈、馬克杯樣版尺寸的事，突來一念，香積園的成立過程，一路上處處神蹟，虛實相應合一，從無到有從零開始殊為不易，值得以香積園為主角單獨為香積園出版專輯做介紹，現有的書面紀錄應該足夠出一本介紹專輯了。今天早晨四點多醒來打坐，打坐時就觀想、稟報、請示　香積師父，是否能以香積園設立過程為主題，單獨編輯出版香積法門叢書第二集，書名就定為《虛實相應香積園》？在提問說明的當下，身體又不由自主地靈動起來，高舉雙手在頭頂上打香積法印，我原以為是有什麼任務指示要來頒旨、領旨，待我提問的問題都說明完了，還沒有感應接到什麼進一步的指示!?

突然頓悟！該不會是師父已經讓我自己高舉法印回應我的提問？再請示師父的回應感悟是「YES！」。原來我自己提問的問題都還沒稟報說明講完，師父早早已經讓我自己在頭上比了一個大大的「○」，還加蓋法印在上頭！打坐後我立即將瑞穗購地成立香積園的前後過程所有相關紀錄匯集盤點，共有五萬多字，若再補充內容酌加撰寫序文說明，應該可以逾六萬字出一本薄薄小書了。再諮詢香一師姐驗證，香一師姐回覆我一個「沒錯沒錯」的貼圖，法門叢書第二集就此定案！

香積園成立紀念鑰匙圈

【後記】

二〇二五年一月十八日，在香積法門的臉書上分享這篇文後，有師兄從文中知道我準備要出版法門叢書第二集了，便回應聯繫我表示要出資贊助我出書，師兄的佛心贊助讓我倍受感動，古云德不孤必有鄰，有錢出錢，有力出力，有聲發聲，有料爆料，法門同行一起為香積法門弘法利生的志業貢獻心力，這也讓我更有底氣，持續為香積法門燒腦發想合適分享的紀念品幸運小物！

5.5 有鳳來儀鳳凰台

香積園購地完成，原本就準備在今年春季開始種植樹木花卉，但整個園區農地中長期要如何開發利用，還是要有個清楚明確的規劃，於是利用假日閒暇時間簡單製作了一份香積園願景規劃書，內容包含了要種植的植物分區，以及要增購鄰地及其他建地的計畫及需求說明。剛完成規劃書，我就先提問了一筆近瑞穗市區的透天平房中古屋物件，但師父沒有回應，就是不表認同、不贊成的意思，所以沒回應、不理會我的瘋癲遐想。豈料，才隔兩天，二〇二五年三月四日上午就接到仲介張姐發來訊息，說香積園隔壁的一六四五號鄰地已經正式委託出售，問我有沒有意願承購、價格能否接受，令我好生意外！

這筆一六四五號鄰地的面積不到百坪，但是所佔地理位置極佳，有居高臨下之勢，緊鄰大麒麟老黑家隔壁，不僅對整個香積園土地的整體規劃使用具有補強作用，且香積園的西南邊陲地界恰好可以連成一線種一排樹，正是我規劃中要增購的鄰地之一。於是我立即諮詢香一師姐，請師姐幫我請示師父的意見，包括出價金額多少合適。很快就接到師姐回覆的信息，師父指示的最高出價總金額和我預估的相近，但和地主、仲介的期望值還有三萬元的差距，就先回覆出價給地主。師父還特別指示叮嚀說「若不行就擱置」，我心裡已有了篤定的盤算。

二〇二五年三月六日，一年二十四節氣中的驚蟄，清晨打坐時很自然地又想到一六四五地的買賣事，香積園地勢三面環山，坐西南舞鶴山往東北開展接台九線，想著這塊地的位置在香積園最西南角，若能買成，將是香積園地勢最高處，可以綜覽全境如控要塞。但為何會是這筆面積最小的鄰地最先浮現機緣？有何玄機用意？於是我用「移入他地法」前往探看這筆地，究竟原由一下。

打坐閉目中，我先是鑽進地底，原以為地底下應該是個大水庫，但是四周卻只見黃土，正想繼續往下鑽探，突然間這地底開始震動，好像要火山爆發一樣，黃土開始湧出往上推進，突破地表後仍繼續往上隆起堆疊，直到隆起成一座三四層樓高的高台，就像是萬里長城上的烽火台一樣。我心裡還在吶悶，這裡怎麼會冒出個烽火台？突然腦袋瓜裡就出現三個字～「鳳凰台」！原來是鳳凰台非烽火台，那這農田裡出現鳳凰台又有何功能目的呢？打坐結束後馬上諮詢香一師姐。

「鳳凰台上　有鳳來儀」，香一師姐很快回覆如是訊息，令我既喜又驚，看似簡單的八

雛雀也有凌雲志
鳳凰來儀頒道旨
驚蟄踏春增新土
百里傳香添一枝
香輝眼拙耍白痴
仙鶴看作鴨小隻
舞鶴山下到處跑
神遊淨土同行至
春江水暖鴨先知
奈何不見鴨半隻
通通跑去香積園
選佛場裡一起吃
舞鶴山下香積園一隅

個字，但意義耐人尋味非比尋常，農田裡旱地拔蔥般冒出一座鳳凰台，鳳凰台上有鳳來儀，鳳凰乃百鳥之王，那鳳凰這時候又是為何而來呢？來此頒旨點地指引我買地？為築高台抵抗地震指揮救災？或是藉「有鳳（縫）來儀（移）」諧音暗喻要來幫忙移山填海、填補海溝斷層地殼裂縫以防震減震？……，或兼而有之，一時之間莫明所以。惟可見此地雖小但來頭不小，既然因緣俱足近悅遠來，無論如何一定要設法圓滿這塊地的買賣。

我先上網搜尋實價登錄資料，客觀了解附近地價的成交行情，再向仲介公司反映意見，爭取相應調降一下仲介服務費，希望能夠盡可能促成這筆農地買賣。經過兩天的四方溝通，包括向　香積師父稟報求情懇請成全，最後在維持師父指示的價格不變前提下，仲介公司願意少收一萬元仲介服務費，我也很樂意另外包個一萬元紅包給仲介公司，成交！法法孵法法，辦法總是比考驗多。

香積園新增一處有鳳來儀地，三天議價成交，九天簽約完成，又刷新紀錄了！剛好趕在本書書稿正式送交出版社前，及時補述增購香積園這邊陲一角的過程故事，功德圓滿！適逢春暖花開時，三打油詩以誌之[31]！

【後記一】

二〇二五年三月十一日，邊回憶邊補記這一段，現在回想起來，鳳凰台上有鳳來儀，當時鳳凰確實是來頒旨、點地買地的，而目的也是為了防震減震救助蒼生；而且那天鳳凰來儀頒旨，不是頒懿旨，而是代 太上師父來為香積園頒「道旨」。嗣後諮詢香一師姐此感悟是否正確？香一師姐回覆我一個貼圖——「沒錯沒錯」！

二〇二五年四月二日，清晨四點醒來打坐，先是行氣動念運轉金丹及三昧真火，自己調

---

31 「春江水暖鴨先知，奈何不見鴨半隻，通通跑去香積園，選佛場裡一起吃。」，意喻六道眾生平等，鴨子通通跑去香積園選佛場裡，一起享用豐盛水草香積資糧。

理腰椎痠痛，接著靈動起來高舉雙手，準備接旨或是受領什麼法寶，結果從虛空中降下一個好大的黑色大圓球，大到無法一眼全覽其外觀，感覺像是一個外太空來的星球，天鐵材質，感悟是可以用來填補西太平洋的海溝斷層地殼裂縫，立即動念把這顆天鐵球拿去填補海溝斷層，希望可以大大減輕大地震的發生機率或傷害影響。打坐後立即諮詢香一師姐，師姐回覆「太讚了」貼圖以示確認。

【後記二】

二〇二五年三月十三日，專程再去花蓮完成簽署香積園第四筆土地的買賣合約，簽約完成已近中午，我請仲介張姐、李代書及香鳳師姐一起吃午飯。用餐之際閒聊，我才說起買這筆地的機緣前後過程，包括地上有鳳凰台、鳳凰台上有鳳來儀的故事，她們聽了無不嘖嘖稱奇。特別是仲介張姐說她聽得起雞皮疙瘩，嗣後聽完張姐述說原由，我也吃驚地雞皮疙瘩掉滿地！

張姐說自從二〇二四年完成香積園土地買賣，聽我提過那裏風水好、磁場好、有麒麟之後，多次經過瑞穗時就會繞進去香積園，感受一下令人愉悅心曠神怡的美景與磁場。張姐去年底有一次帶同學去瑞穗牧場遊玩，張姐同學有特殊的靈異體質，遂向同學提到附近有一處有麒麟的風水寶地，張姐同學說很想去看看，便離開瑞穗牧場前往香積園。

到了香積園後，張姐同學便感覺到磁場確實不同，環顧一周後就一直看向舞鶴山方向，駐足良久定點不動，張姐問她看啥東西可以看這麼久？「那裡有鳳凰！」張姐同學答，「哪裡有鳳凰？」張姐再問，張姐同學伸手指向前方突起相對地勢較高處，正是一六四五這塊地，而且說有好幾隻！

張姐反映說只聽林先生說過有麒麟，沒聽說過有鳳凰，將信將疑，也無從考證。結果今天就聽我講起感應到這田地裡隆起鳳凰台，鳳凰台上有鳳來儀，前後相隔多月，竟然經不同人提起交叉見證確實有鳳凰，張姐才會如此驚訝！更因緣湊巧的是，最早一開始帶我來這裡看土地的仲介人員本名就叫「鳳凰」，很快的因緣俱足也加入了香積法門，就是香鳳師姐。香鳳師姐幾個月前到香積園拍攝的一張照片裡，藍天白雲青山綠野，還有畫龍點睛的一抹山嵐薄霧，現在再看還真像是一隻仙氣飄飄的白鳳凰，唯有鳳凰才能拍到鳳凰!?

我請張姐再聯繫詢問她同學，問她看到的鳳凰是什麼顏色？是否和我看到的是一樣雪白色的鳳凰？我也把這訊息發給法門群組裡的師兄姐，香豐師兄回應說：「其中之一，還有金色、紅色、七彩」、「有很多隻，來來去去。」，香音師姐也回應說：「師兄看到的是一角而已」、「正面是白孔雀」。翌日張姐同學也回覆驗證說，當時看見的是偏橘紅色的火鳳凰，很難形容當時看到鳳凰時的喜悅。

我現在腦袋裡浮現的畫面，那舞鶴山下淺淺山谷中正熱鬧滾滾，神佛雲集賀客盈門，麒麟、雪獅、孔雀、鳳凰等聖獸齊聚，香積法門與香積園的故事，新的篇章，即將開啟！

舞鶴山下香積園一抹山嵐似鳳凰／香鳳師姐拍攝

護
吶羅
香積園
花蓮瑞穗
舞鶴山腳下
平凡無奇農地
從無到有的機遇
是一連串感應神蹟
見證了虛實相應合一
謹為呵護眾生平安
香積法門殊勝法
親身經歷領悟
萬法唯心造
因緣俱足
香積園
摩囉
呵

國家圖書館出版品預行編目

虛實相應香積園 / 林家亨著. -- 新北市：香積園有限公司, 2025.06
面； 公分
ISBN 978-626-98685-1-3(平裝)

1.CST: 民間信仰 2.CST: 文集

271.9 114006873

虛實相應香積園

作　　者／林家亨
聯絡方式／E-mail: xjyltd@gmail.com
Line & Wechat: lala3lin
出　　版／香積園有限公司
新北市汐止區新台五路一段99號16樓之3
https://xjy.webnode.page/
製作銷售／秀威資訊科技股份有限公司
114 台北市內湖區瑞光路76巷69號2樓
電話：+886-2-2796-3638
傳真：+886-2-2796-1377
網路訂購／秀威書店：https://store.showwe.tw
博客來網路書店：https://www.books.com.tw
三民網路書店：https://www.m.sanmin.com.tw
讀冊生活：https://www.taaze.tw

出版日期／2025年6月　**定價**／250元